明治図書

JN039956

いちばん
わかり
やすい

教務主任の全仕事

草野 剛 [著]

まえがき

　新型コロナウイルスの広がりにより，学校教育は変革を余儀なくされました。本来なら，新しい学習指導要領のもとで，豊かな創造性を備え持続可能な社会の創り手となることが期待される児童生徒に，生きる力を育むことを目指す教育が推進されることに注力されるはずでした。それが，学校の休校，再開によって，感染予防対策を第一に考えたカリキュラムの作成，実施が必要になったのです。

　しかし，考え方を変えれば，この新型コロナウイルス禍で，社会の変化がさらに加速することが予想される中，未来社会の担い手を育む教育のあり方を求める取組が，ますます重要になることは必至であり，教育改革を推進するチャンスだと捉えることもできます。

　実際に，学校では，授業のオンライン化に取り組むなど，GIGA スクール構想のもとでの取組が急速に進んでいます。また，1 年前までは，学校でオンライン会議が行われることは想定していませんでした。

　感染予防対策を行いながら，地域に開かれた学校をどのようにつくっていくかも課題となりました。運動会などの学校行事は中止となり，入学式や卒業式は縮小されて行われることとなりました。今後も保護者や地域の方々と連携しながら，どのように学校教育を進めていくかを考え，模索する年となました。

　こうした急激な変化があった年だからこそ，学校における教務主任の役割の重要性を再確認することができました。学校経営の責任者は校長です。しかしながら，変化に対応できる指導体制を築くために，中心となって動くの

は，教頭（副校長）であり，教務主任であると思います。

　コロナ禍によって，健康チェックや消毒などの感染予防，三密を避けるためのカリキュラムの調整，分散登校による日課表や時間割の改訂，行事の調整や授業時数の確保など教務主任がかかわる仕事は格段に増えました。さらに，感染状況に応じて，その対策は何度も変更が必要でした。

　現在は教務主任の職を離れ，生徒指導主事を務めている私は，教務主任の仕事ぶりを見ながら，「お疲れ様です。何でも協力します。一緒にこのコロナ禍を乗り越えていきましょう」と毎日思い続けていました。

　教務主任が明るく元気で，生き生きと仕事をしている学校は活力があります。しかしながら，やる気と元気だけでは，事が進みませんし，教務主任が大変なだけです。ベテラン教師の叡智を集め，若手教師のバイタリティを活用して，この危機を乗り越えていきたいのです。コロナ禍の今だからこそ，管理職のリーダーシップのもと，教務主任の知恵と工夫によって，学校がコロナに負けない元気を取り戻していけたらよいと願っています。

　本書は，学校の大黒柱ともいえる教務主任が，気持ちよく，充実感を持って仕事に勤しめるようにと，私の拙い経験をまとめたものです。新型コロナウイルスが広がる以前の実践についても取り上げておりますので，現状を踏まえつつ，参考になれば幸いです。

　2021年4月

草野　剛

Contents

第**1**章

教務主任をしっかりこなすための
マインドセット&整理術

マインドセット

整理術

Contents　5

組織運営にかかわること

学校変革にかかわること

教務主任をしっかりこなすためのマインドセット＆整理術

「5つのワーク」を頭に刻め

学校運営を円滑にするための「5つのワーク」とは

　私が仕事をする上で大切にしようと心がけてきたことがあります。それが次に掲げる「5つのワーク」です。

---

　①フットワーク　　②フィールドワーク　　③ネットワーク
　④チームワーク　　⑤ヘッドワーク

　ここで取り上げる「フットワーク」とは，自ら現場に出向いて確認するということです。担任のない教務主任は職員室で仕事をすることが多くなります。その反面，いろいろな先生からのヘルプ要請が入ることも多いため，そうしたときに素早く現場に駆けつけ，対応することが大切です。

　「フィールドワーク」とは，児童の様子や先生方の指導の様子を把握して学校課題を把握したり，学校備品やPTA，地域人材などの教育資源を把握したりして，学校運営に当たるための自校の強みと弱さを知ることです。

　フットワークよく動き，フィールドワークに励むと，「このことは○○先生に聞くと分かるな」とか，「これはPTA本部役員の協力を仰ごう」といった作戦が見えてきます。こうしてできたつながりが「ネットワーク」です。

　学校運営を円滑に行うためには，組織で対応することが不可欠です。教職員の得意なことを生かしながら，校務分掌を機能させて対応していくことが「チームワーク」です。個のつながりが基盤の「ネットワーク」を集団のつながりである「チークワーク」へと組織化していきます。

　学校での仕事を進めるために，「いつまでに何を準備する」，「この仕事は誰に割り振る」といった準備や段取りをするのが，「ヘッドワーク」です。

「5つのワーク」に取り組む「順序」と「キーパーソン」

　「5つのワーク」は取り組む順序も大切です。「チームとしての学校」で対応しようというスローガンが掲げられると，「チームワーク」が大切だという話になりますが，いきなり「チームワーク」が形成されるものではありません。「チームワーク」が機能する組織にするためには，構成するメンバー同士の信頼関係が必要になります。そのためにはまず，教務主任が率先して「フットワーク」軽く動くと，若手教師を中心に協働するようになり，信頼関係が生まれます。そこで，まず行うことは，「フットワーク」の軽い教師集団にすることです。ここでのキーパーソンは教務主任と若手教師です。

　次に，「チームワーク」よく動くためには，目指す目標を共有する必要があります。その目標を設定するために必要なことが「フィールドワーク」です。校務分掌を生かして，担当者を中心に「フィールドワーク」を進めると，学校課題がより明らかとなり，取り組む目標が定まります。

　目標を共有すると，その達成に向けて中心になって動く人が決まります。さらに，中心となる人をサポートする人が必要です。ここに「ネットワーク」が生まれます。ここでは，中心となって活動する人に加えて，誰をサポート役に据えるかが重要になります。

　こうした「ネットワーク」を軸にして，目標に向かって一枚岩で取り組めるようになってこそ，「チームワーク」が機能します。「チームワーク」は一人一人が自分の役割を自覚し，その役割を確実に果たすことだと言えます。そのための作戦を考えるのが教務主任の「ヘッドワーク」なのです。

Point

● 教務主任の軽い「フットワーク」が，職員の「フットワーク」を生む。

● 「チームワーク」を築くには，仕込みが必要。

● 「ヘッドワーク」こそ，教務主任の腕の見せ所。

▶ マインドセット2

学級担任・学年主任との違いを理解せよ

全校児童と教職員のために仕事をする

　学級担任や学年主任との一番の違いは，やはり仕事のフィールドが変わるということだと思います。大きく変わるのは次の2点です。

---

①担任として直接児童生徒とかかわるのではなく，全校児童生徒の状態を見て，学校課題を見付け，その改善のために仕事をする。
②児童への直接的指導ではなく，児童生徒を指導する教職員への助言や指導が中心となる。

　フィールドワークに努め，全校児童の様子を見て学校課題を見付けます。学年主任や指導部長，校務分掌の各主任や研究主任らに声をかけ，全校で取り組むことを考えるように指示をします。また，教職員の得意分野を生かし，行事や校務分掌で活躍の場を考えます。教職員がやりがいを持って仕事ができるようにサポートします。教師が児童生徒に仕事の楽しさを伝えることは，児童生徒のキャリア形成にも良い影響を与えるはずです。

「学力向上」を推進する第一人者

　教務主任の仕事の一つに，全校の児童生徒の「学力向上」があります。学習指導部長や研究主任らと連携して，毎月，どんなことに取り組んで，「分かる授業」をつくり上げていくかについての提案をします。

　児童生徒が学校で過ごす時間の大部分が授業です。「分かる授業」づくりに努め，児童生徒が「できた，分かった，がんばった」と実感することができれば，学校が落ち着きます。その中心を担うのが教務主任なのです。

具体的には，次のような提案内容が考えられます。それは，児童生徒の興味関心を引き出し，追究したいと思わせる導入の工夫，自分の考えを深めるための仲間との意見交流の充実，学びを確かにし，学習内容を整理し，生活に生かすことができるようにするための終末の活動などです。また，児童生徒の話し方や聞き方のスキルの習得，ノート指導，教材・教具の開発，デジタル教材の活用等についても話題にしていきます。

どの教職員にも同じように声をかける

　同じ学校に勤めていても，頻繁に連絡を取り，一緒に仕事をする先生と，特別な用事がないとかかわりが少ない先生とがいます。これは学年所属や校務分掌が関係していることが多いと思います。しかし，教務主任は，すべての先生とかかわりを持たざるを得ません。ですから，日頃からどの先生にも同じように声をかけるようにしています。教師も子どもと同様に，「自分に気をかけてもらっている」と感じると嬉しいものです。話を持ちかけると，それぞれの担当で懸案になっていることが分かります。

　若手教師には学級経営や教科指導について相談を持ちかけますし，学年主任や校務分掌の主任は，学校課題について話題にすることが多くなります。こうした話をもとに，現職研修のテーマを考えたり，運営委員会の審議事項を見直したりすることができます。

　また，プライバシーに配慮した上で，家族や趣味などの話を交わすこともあります。休日の過ごし方などワークライフバランスについても話をして，職員のメンタルヘルスケアに努めます。

Point

● 教務主任は，全校児童生徒と，教職員のために働く。

● 教務主任は，児童生徒の「学力向上」を進める第一人者である。

● どの教職員とも同じようにかかわるように心がける。

校長・教頭（副校長）の一番の理解者となれ

校長・教頭のよき理解者とは

　教務主任は，校長の学校経営方針を具現するために，最前線で教育活動を指揮，助言する立場にあります。ですから，校長の意を十分に汲んで教育課程を編成することが必要になります。そのために大切なことは次の２点です。

---
①校長の学校経営方針を具現するための方策を考え，教頭（副校長）と
　共に率先して取り組む。
②日頃の教職員からの意見や学校評価，保護者からの意見などをもとに
　学校課題を明らかにし，改善策を校長に具申する。

　教務主任は，校長の意を汲んで率先して実践することが大切ですが，学校課題を的確に把握し，必要に応じて校長に具申していくことが，校長を助けることにもなります。校長に具申しやすい関係を築くためにも，まずは校長からの提案に率先して取り組むことが大切になります。

教務主任から教頭，教頭から校長の報告ラインを守る

　教務主任になると，校長と直接話をすることも多くなります。校長から直接声をかけられて，仕事を任されることもあります。そんなときにも，私は必ず教頭に報告するようにしています。「今，校長先生から，〇〇をするように指示されました。□□というように処理しようと思いますが，いかがですか」という具合です。学校がうまく回らない原因の一つに，校長，教頭，教務主任の三者の連絡調整不足がある場合があります。こうしたことをなくすために，校長に連絡報告する事案については，事前に教頭に話すようにし

ています。そうすると，教頭から「その事案については，私から校長先生に報告しておきます」と言われることもあります。そうした場合は教頭に任せます。

　こうした報告ラインを守ると，教頭との役割分担も明確になります。お互い仕事に忙殺されているときには，互いの仕事をカバーし合うこともできます。また，こうした報告ラインを教務主任が守っていると，他の職員も，教務主任から，教頭，校長という起案をするようになります。ですから，校長へ挙がる事案については，教頭や教務主任が必ず確認することになり，「その情報は知らなかった」ということがなくなります。

校長・教頭に物言える教務主任になる

　仕事をしていると，教職員の中に指導方針を巡って意見が異なる場合があります。また，校務分掌などの仕事量の偏りが生じ，不満が高まる場合があります。しかし，各々の先生方がこうした意見や不満を直接校長に届けることが難しいことが多いのです。ですから，教務主任が間に入り，教頭や校長につなぐことが大切になってきます。

　その際，意見や不満をそのまま伝えるのではなく，「○○について□□に困っているという意見があります。そこで，◇◇のように改善したいと思うのですが，いかがでしょうか。必要であるなら，指導部会を開いて，具体策を検討してもらい，全職員で確認しようと思うのですが」というように，対応策もセットにして報告します。そうすることにより，教職員が抱えていた意見や不満が公の場で話し合われるようになります。仮にすべて相談者の思い通りの結論にならなくても，納得して業務に当たることができます。

Point

●校長のよき理解者とは，「率先垂範」と「具申」ができる教務主任。

●教務主任→教頭（副校長）→校長の連絡報告ラインを守る。

●教職員の声を集めて，校長・教頭（副校長）に物言える教務主任になる。

学級担任だったときのことを振り返れ

「学級担任がして欲しい」ことを思い浮かべる

　教務主任になってからも，学級担任だったときのことを振り返るようにしています。それは，「学級担任をしていて，こんなことに困った」，「教務主任のこんなサポートがありがたかった」ということを思い出すことによって，担任の先生方が，「今して欲しいサポート」をできるようにするためです。私は，普段から，教務主任として次の2点に心がけています。

---

①急な予定変更や行事等による特別日課は，教室に掲示できる文書で知らせる。

②児童の良い姿をメモして，学級担任に届ける。

　週予定で知らせた予定が急遽変更になることがあります。行事のある日には，特別日課が組まれます。そうしたときは文書で伝えるようにしています。児童に伝達することが学級担任に確実に伝わります。

　特別日課は，右のように作成して，A4用紙に印刷し，教室に掲示できるようにします。先生方に協力して欲しいことがあれば（今回の例でいえば，国語辞典販売と託児），この日程表に書き加えて知らせます。

4月23日(土)	授業参観・PTA総会等 日程				
朝の会	8:10〜8:25				
1時間目	8:30〜9:15				
2時間目	9:20〜10:05				
太陽の時間	10:05〜10:20				
3時間目	10:25〜11:10				
4時間目	11:15〜12:00				
弁　当	12:00〜12:40				
掃　除	12:40〜12:55				
帰りの会	13:00〜13:15				12:45〜13:15 国語辞典販売 2Fワークスペース
5時間目 授業参観	13:20〜14:05				
PTA総会	14:20〜15:05	体育館	転入職員は体育館へ(一斉下校指導は他の職員で)	一斉下校	14:15
学年・学級懇談会	15:10〜16:20	各学級	臨時託児	14:15〜16:20	図書室 ○○先生 □□先生 ◇◇先生

児童の良い姿を見付けて，担任に伝えます。一般的に担任は，自分のことを褒められるより，児童のことを褒められる方が嬉しく感じるようです。児童の良さを伝えることで，担任のモチベーションを上げることができます。翌日には，その学級に出向き，「君たちが○○していたことを担任の□□先生に伝えたら，とっても喜んでいたよ」と児童にも話をします。

「かゆいところに手が届く」教務主任になろう

　法令に定められているからであるとか，校務分掌で決められているからという理由ではなく，誰かがした方がよい仕事や，それをしたら周りが助かるという仕事を見付けて率先してやるようにするとよいと思います。

　みんなが使う印刷室の掃除やシュレッダーゴミの回収，教材が届いた後に出る段ボールや古新聞を資源回収用の保管庫へ運ぶことなどの整理整頓に心がけます。行間休みには運動場へ出て，児童が遊ぶ様子を監督していれば，担任の先生は宿題を見ることができます。給食が終わった後，パントリーでの食器かごの回収を手伝うと校務員さんが助かります。各学級の残菜の量も確認でき，給食指導に生かすこともできます。

　家庭訪問や個人懇談のときには，日直の先生の代わりに放課後の戸締まりをやっておきます。保護者との面談を終えて，職員室でホッと一息ついたとき，すでに戸締まりが終わっていれば，日直の先生は助かるからです。

　パソコンのサーバーのフォルダも文書管理がしやすいように整理します。フォルダを年度毎に管理すると，学校関係の文書は5年保存のものが多いため，5年後に削除していくことができます。

Point

●学級担任がして欲しいことを思い浮かべて，仕事をする。

●特別日課は，教師も児童も確認できるように，各教室に掲示する。

●学級担任は，自分の学級の児童が褒められると嬉しいことに気付く。

児童生徒と共に活動せよ

教務主任が児童生徒と直接かかわれる時間は限られている

　教師の仕事の一番の醍醐味は，やはり児童生徒とかかわることだと思います。職員室で仕事をすることが多くなる教務主任ですから，児童生徒とかかわれる時間を大切にしたいものです。私は，次のようなことに心がけています。

①授業。担当する教科はもちろん，補充の授業でのかかわり
②朝，夕方の登下校時や休み時間のかかわり
③掃除の時間のかかわり

　朝は玄関先で児童を迎えます。今は新型コロナウイルスの感染防止のための健康チェックが中心となりますが，それ以前は「元気な挨拶で気持ちよく1日をスタートしよう」と児童に呼びかけたり，児童の顔色を見ながら心身の健康状態を確認したりしていました。

　休み時間には，極力運動場に出て，児童の安全確認をしたり，時には一緒に遊んだりしています。マインドセット4「学級担任だったときのことを振り返れ」の項目でも述べましたが，休み時間には，担任教師の中には，宿題や連絡帳を見たいと思う先生方がいます。反面，児童のけがは休み時間に起こることが多いため，児童の監督が必要になります。以前は，曜日毎に休み時間の運動場の監督当番を決めたこともありますが，今はできるだけ私が運動場に出て，児童とかかわるようにしています。

　掃除の時間には，廊下の床拭き掃除を一緒にやるようにしています。私の尊敬している教務主任の先生は，昼休みになると，洗剤とワックスを片手に床拭き掃除をしていました。その様子を見た児童達が手伝うようになり，「床

拭きボランティア隊」が組織されました。学校の廊下はみるみるきれいになり，学校が落ち着いていきました。ボランティアに参加した児童は，認められることも多くなり，満足気でした。私はその姿に近づこうと，掃除の時間に児童と一緒に床拭き掃除を行い，きれいになった喜びを共有しています。

担任の出張や年休による補充の時間は，担任の代わりに授業を行う

　私が一番力を入れているのは，やはり授業です。教務主任の仕事の重点は，児童生徒の学力向上ですから，他の先生の模範となる授業をしたいと常々思っています。私の専門教科は社会科ですが，高学年の先生方からは，理科を担当して欲しいという声をよく聞きます。授業の準備や後片付け，予備実験などが大変だからです。ですから，理科や書写などの準備や後片付けが大変な教科を担当するようにしています。

　先生方が年休を取られたり，出張で教室を空けたりするときには，補充に入ります。こうした時間に，私は先生方に，「授業を進めましょうか？」と声をかけています。自分が担任をしていたとき，出張から帰ると，職員室の机の上に，補充の時間にやっていただいたテストやプリント類が置かれていて，気持ちが重くなることがありました。疲れて帰ってきて，その後何枚ものテストの採点をしたくはないのです。ですから出張前に，担任と授業の打ち合わせをします。「社会科の授業をやりましょうか」，「算数の授業を進めておきましょうか」と声をかけると，大抵の先生方は「是非，お願いします」という返事が返ってきます。授業で見付けた児童の良い姿をメモして，担任の先生の机に貼っておくのが，私からのプレゼントです。

```
Point
● 朝の元気な挨拶で，児童生徒の心身の健康状態を把握する。
● 休み時間や掃除の時間は児童と一緒に過ごす。
● 補充に入る時間は，担任の代わりに授業を行う。
```

マインドセット6

忙しいときこそ，笑顔で過ごせ

笑顔が職場を明るくする，職場の人間関係を気持ちのよいものにする

　教務主任は常に笑顔でいたいと思います。その理由は次の通りです。

> ①職員室が明るく，楽しい雰囲気になり，職員のやる気が出る。
> ②教務主任が笑顔でいると，職員が相談を持ちかけやすい。

　学校がうまく回っているかどうかを見定める一つとして，私は，「先生方がどこで仕事をしているか」に気を配るようにしています。私の経験からすると，職員の人間関係がよく，仕事に充実感を持っている先生が多い学校ほど，先生方は職員室で仕事をしていることが多いように思います。職員室で仕事をした方が，先生方にとってメリットが多いからです。職員室にいると，他の先生方の動きが見えます。「今はこの仕事を優先した方がいいな」と仕事の優先順位を付けたり，教材や印刷物等を一緒に準備したり，児童の姿を交流したり，同僚に相談を持ちかけたりすることができるのです。

　こうしたメリットが多いにもかかわらず，放課後，教室で仕事をする先生が多い学校もあります。1人で集中して仕事がしたい，学級掲示物の整理など教室でしかできない仕事をしているという理由があるかもしれませんが，こうした学校では，管理職や教務主任が笑顔でないように思います。

　教務主任が笑顔もなく，眉間にしわを寄せ，苦虫をかみつぶしたような顔をして忙しそうに仕事をしていれば，職員室で気持ち良く仕事ができないのです。そうなると，職員同士の交流も少なくなり，結果として学校がうまく回らなくなります。また，暗い顔をして，忙しそうにしている教務主任には，他の職員も相談を持ちかけにくいのです。教務主任の笑顔が，職員室を明る

くし，教職員の人間関係を良くして，働きやすい職場をつくるのです。

無理をして仕事をしない！そして，自分へのご褒美を用意する

　第１章のマインドセットでは，教務主任として仕事に向かう姿勢や心構えについてまとめましたが，それに加えて大切なことは，「余裕を持つ」そして「無理をして仕事をしない」ということだと思います。休養を取ることも大切な仕事の１つだと考えますし，趣味など自分の時間を大切にすることも，生き甲斐をもって生活する上で重要だと思うからです。

　初めて教務主任になったころ，当時の校長先生が職員を前にして次のように話されました。「教育に人生を捧げるというと美談ではあるが，私は仕事がすべてであるようなそんな先生になることを勧めない。教師も人として，自分の人生を楽しみ，幸せに生きる権利がある。自分の時間も大切にして趣味を楽しんだり，若い時期には恋愛し，恋人との時間も大切にして愛を育んだりして欲しい。適齢期には結婚し，子育てをしたり，親の介護が必要になれば，一生懸命親の面倒をみたりして欲しい。自分の人生を振り返るようになったとき，『教師として充実していた』ということに加え，毎日が楽しかった，『我が人生に悔い無し』と思えるように日々を過ごして欲しい」

　今日は疲れていて仕事にならないと思ったときには，「今日は帰ります」と宣言して他の先生方よりも早く帰るようにしています。PTA総会，研究授業など大きな仕事を終えたときには，「家族とおいしいものを食べに行く」，「新しいスポーツ用品を買う」などの自分へのご褒美を用意しています。こうした休息やご褒美があると，毎日を笑顔で過ごすことができます。

Point

●笑顔がある職員室では，教職員の人間関係が良くなる。

●教務主任が笑顔でいると，他の職員が相談を持ちかけやすい。

●十分な休養と自分へのご褒美が，笑顔を保つための源。

大量の書類はその都度さばけ

文書は平置きしない

　教務主任になると，扱う文書が圧倒的に増えます。授業を終えて職員室へ戻ると，机上が書類でいっぱいということが少なくありません。こうした多くの文書管理をするために，気を付けていることは次の３点です。

---

①文書は確認したら，その場でファイリングする。
②回答期限があったり，職員の出張にかかわったりするものは，その場で行事予定に書き込む。
③「文書管理簿」を作成して，後から確認しやすくする。

　大切なことは，文書は平置きしたりクリアファイルに一時保管したりせずに，その場でファイリングするということです。ちょっとだけ置いておこう，とりあえず挟んでおこうという気持ちが，文書の紛失につながるからです。

「文書管理簿」を作成しよう

　大量の文書を扱う上で，困ることは，文書を読み返すときにすぐに文書が見つからないことです。職員からの問い合わせや自分の仕事を進める上で，過去に扱った文書を読み返す場合があります。そんなときに素早く必要な文書を取り出せるように，ファイルごとに文書管理簿を作成します。

　文書管理簿には，受付番号，受付日，文書名，発信先，回答義務などを記します。パソコン上で管理し，必要な文書があるときには，文書番号を確認すれば，ファイルからすぐに取り出すことができます。

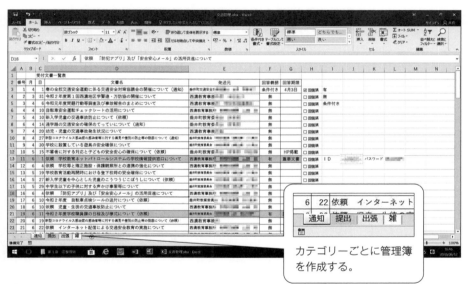

カテゴリーごとに管理簿を作成する。

Point

●大量の文書は，業務別にその場でファイリングする。

●提出期限のある文書，出張関係はその場で行事予定に記入する。

●文書を見返すときのために，「文書管理簿」を作成する。

予定黒板は見やすく記入せよ

予定黒板は職員間の連絡の要

　校務支援システムが導入され，パソコンの掲示板や校内メールを使って連絡をすることが多くなりましたが，教職員との連絡手段や当日の予定確認をするには職員室前面にある予定黒板が便利です。先生方も予定黒板を見て，その日の予定を確認します。予定黒板を使って次のような連絡をします。

①月の行事予定
②本日の行事，出張，会議等の予定や特別日課
③通常時間割で使用する時間以外の特別教室使用計画
④危機管理マニュアルや緊急連絡先，アレルギー対応用のエピペン

　私が勤務する学校では，月予定は教頭が，日予定は教務主任が管理するようにしています。以前は，教頭が月予定をチョークで記入していましたが，今は，拡大印刷をして予定黒板に貼り付けています。

　全面黒板には，特別教室の使用予定を記入するホワイトボードを用意しています。通常の時間割以外に特別教室を使用したいときには，担任がこのホワイトボードに記入して，学級で重複しないように調整します。いざというときのために，緊急連絡先の一覧を貼ったり，危機管理マニュアルをすぐに取れる場所に置いたり

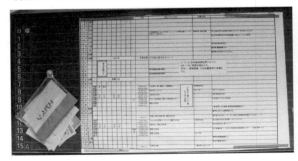

しています。また，本校にはアレルギーのある児童がいますので，預かっているエピペンを職員室で管理しています。

予定黒板でよく使う出張名，会議名などはプレート化する

　毎日の行事予定を予定黒板に書くのは，意外と時間を要し，骨の折れる仕事です。そこで効率よく予定黒板を書くために，普段からよく使う出張名や会議名，先生方の名前，下校時刻などはプレートにしておき，貼り付けられるように準備します。4月当初にすべてを用意するのは大変なので，その出張や会議があったときに，順次プレートを用意していくと，次からの予定記入が楽になります。

　また，予定黒板の脇には，先生方に配付している週予定と特別日課を綴じるファイルを用意しています。予定黒板を書く際に，手元に週予定があると便利ですし，特別日課は掲示しておくと，黒板に書く必要がなくなります。

Point

● 職員は予定黒板を見て，予定を確認する。正確な情報を記す。

● 特別教室の使用は，ホワイトボードに書き込んで調整する。

● 日予定の記入は骨が折れる仕事。プレートを作成し，仕事を効率化。

行事予定はパソコン上に絶えず開いておけ

「後でやろう」は，忘れてしまって，やらないことが多い

　教務主任が他の教職員から信頼を得るために大切なことの一つが，「予定連絡，日課表の変更等の連絡ミスがない」ということだと思います。教職員は，教務主任から配付される週予定や職員室前面の予定黒板に書かれていることを信じて予定を組んでいるからです。

　それでは，どういうときに，連絡ミスが起きるのでしょうか。

①予定黒板や配付した週予定などの記載に誤りがあったとき。
②追加されたり変更したりした予定が，伝わっていなかったとき。

　記載の誤りをなくすために，行事予定は連絡を受けたそのときに修正します。そのために，パソコン上には絶えず行事予定表を立ち上げておきます。

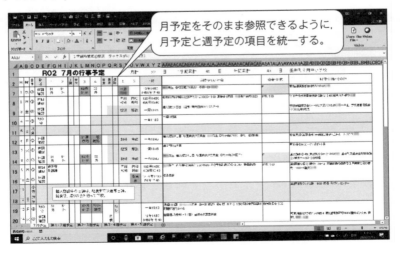

月予定をそのまま参照できるように，月予定と週予定の項目を統一する。

月予定と週予定を連動させる

　記載の誤りは，同じことを何回も書き写していると起こります。同じことを伝える文書なのに，書いた日時が異なっているために，一方が修正されていないということもあります。こうしたことをなくすために，一度書き入れたものは，書き直さなくてもよいようにしておきます。

　私は，月予定と週予定をリンクさせています。月予定に行事を追加したり，修正したりすると，週予定が自動的に変更されるので，連絡ミスはなくなります。見通しを持つために，週予定は2週間分を裏表にして印刷していますが，毎週配付して，予定の追加や変更が確実に伝わるようにしています。

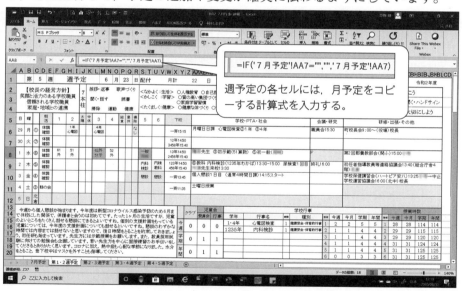

=IF('7月予定'!AA7="","",'7月予定'!AA7)

週予定の各セルには，月予定をコピーする計算式を入力する。

大切な情報ほど共有せよ

情報が伝わってこないと，「自分は疎外されている」と思い込んでしまう

　「職員室にいる一部の人で話をしていたことが，決定事項のように連絡されている」，「生徒指導事案などが，関係する職員だけで対応されて，その後の報告もなく，何があったか知らない」，「職員会議で確認もされないまま，担当者が独断で物事を進めている」こうしたことがあると，気持ちよく仕事ができません。情報が伝わっていない人にとっては，「自分は疎外されている」，「仲間はずれにされている」，「自分は周りの先生方から頼りにされていない」，「必要な存在だと思われていない」と感じてしまうことがあるからです。こうしたことをなくすために，次のようなことに心がけています。

---

①職員室で話題になったことは，その場で判断せずに，共有できる場（指導部会，職員打ち合わせ）に提案するように助言する。

②毎週行う終礼などの職員打ち合わせは，「議事録」を作成し，出張等で不在の教職員は，後から確認できるようにする。

③生徒指導事案については，定期的（終礼など）に報告する場を設定し，全職員で情報を共有し，皆で対応できるようにする。

　「声の大きい人の意見が通る」，「いつ決まったのか分からない」ということをなくし，全職員で気持ちよく仕事をできるようにします。

連絡手段は複数持つ

　情報を共有するためには連絡手段がいくつかあるとよいと思います。「伝えた，伝えていない」，「言った，聞いていない」ということがなくなるよう

に，確実に伝えたいものです。連絡手段としては次のものが考えられます。

①職員会議，職員打ち合わせでの口頭での連絡
②週予定や各種プリントでの配付文書での連絡
③予定黒板，掲示板などの掲示での連絡
④校務支援システムの掲示板や校内メールでの連絡

　最近では，校務支援システムや校内メールが普及し，連絡手段となっていますが，この連絡手段だけですと，教職員が見ていない場合もあります。そこで，②の配付文書での連絡や③の掲示での連絡を併用しています。

日常的に指導して欲しいことは，印刷機の前に掲示しておく

　本校の事務職員は，職員室の印刷機の前に，「事務コーナー」をつくり，伝えたいことを掲示しています。「年末調整の提出は〇日までです」，「印刷機を使ったら，リセットボタンを押しましょう」という具合です。印刷をしている合間に，目がいき，確認できるのです。そこで私もこれをまねして，教務主任からの連絡コーナーをつくり，日常的に指導することを伝えています。

教務主任からの連絡を印刷機の前（事務コーナー）に掲示しています。

Point

●情報の共有が「チームワーク」を生み出す。

●連絡ミスをなくすために，連絡手段は複数用意する。

●印刷の待ち時間などの隙間時間に，「一言掲示板」で情報発信をする。

起案文書を真っ先に処理せよ

提出期限ぎりぎりに起案する職員がいることを頭に置いておく

　保護者に通知する文書や教育委員会に提出する文書，出張に持参するレポートなどの「学校外に出る文書」については，管理職の決済を受けてから配付や提出をします。その管理職の決済を受ける前に，文書等を点検するのが教務主任の仕事になります。起案文書の処理をする際，心がけていることがあります。

---
　①自分の仕事は余裕を持ってできるように計画的に進める。
　②起案した先生が，何を伝えたいのかを想像しながら点検する。

　起案文書の中には，本日中に処理をしたいというものがあります。担当者が提出期限ぎりぎりに起案する場合もありますし，最近では新型コロナウイルス感染症予防のために，教育委員会から至急文書が回ってくることもあります。ですから，起案文書には，真っ先に目を通すようにしています。普段から，「急な仕事が入るかもしれない」と考えて，自分の仕事は計画的に進めるようにします。また，文書受付をする際，「文書受付簿」と共に自分の教育経営簿に，提出書類，出張のレポート等の回答・提出期限をメモします。そして，提出期限の3日前くらいに担当者に声かけをします。文書作成等に困っている様子ならば，一緒に考えます。提出期限ぎりぎりになって，切羽詰まってから相談されても，私も困るからです。

　文書を点検するときに気を付けていることがあります。それは，「担当者の思いが伝わる文書になっているか」ということです。点検で大切なことは，誤字脱字，表現の間違いなどがなく正しく記述されているかを確認すること

だと思います。さらに，せっかく作成した文書なのですから，その担当者の人柄が分かるものにしたいと思って点検します。時には，担当者と話をして確認することもあります。そうしたことをしていると，時間がかかるため，余裕を持って仕事を進めることが必要になるのです。もちろん，至急文書であるときや，相手がベテランの先生方のときなどには，臨機応変に対応します。

「文書起案箱」と「至急付箋」で起案文書を管理する

　「起案文書を真っ先に処理する」といっても，その文書が他の文書等に埋

もれていたり，他の本や文書に挟まっていたりすると見落とすことがあります。そんなことをなくすために，私は，職員室の机上に「起案箱」を置いています。先生方に，「起案文書はこの箱の中に入れてください。真っ先に処理します」と宣言するのです。さらに，「至急確認する文書がある場合は，この『至急』と書かれた付箋を貼ってください」とお願いして，起案箱と一緒に置いておきます。

　授業を終えて，職員室へ戻ると，机の上が文書や伝言メモでいっぱいだということも少なくありません。この起案箱を用意するようになってから，起案文書を

点検するのが遅くなったということはなくなりました。帰宅する前に，起案文書だけは点検してから帰るように心がけています。先生方も余裕を持って文書を起案していただけるようになりました。

Point

●至急の起案文書に対応できるように，自分の仕事に余裕を持つ。

●「起案箱」と「至急付箋」を用意すると，起案文書を管理できる。

帰宅する前に，机上を整理せよ

机の上の状態は頭の中の状態と同じ

　私は，若い頃から整理整頓が苦手で，机の上がいつも「ぐちゃぐちゃ」でした。それでも自分の中には，「あの書類はこのあたりにあるな」という思いがあって，さほど困ってはいませんでした。教室も雑然としていたので，見るに見かねた教頭先生と学年主任が，私の出張中に教室を片付けてくださったことがありました。教室がきれいになって感謝したいところですが，私は，自分の思いとは置き場所が違うので，必要なものを探すのに時間がかかり，困ったことを覚えています。そのときから，他の先生方に不快な思いをさせないために，学校の机の上はきれいにしようと心がけるようになりました。

　そんなとき，特別支援学級の担任の先生から，「草野先生，机の上の状態は，頭の中と同じだよ。机の上が乱雑だと，考えもまとまらないよ」と言われました。実際に，机の上が書類でいっぱいのとき，一度作業できるスペースをつくるために，書類を片付け，山のような書類の中から必要な資料を取り出してから仕事に取りかかっていました。つまり，机の上を整理しながら，これから取りかかる仕事に向けて頭の中も整理していたのだと気が付きました。今でも，机の上が乱れてくると，「いかん，いかん，机の上は頭の中と同じ！　片付けよう」と自分に言い聞かせています。

一番大きな机の引き出しは，空けておく

　「机の上を整理して帰りなさい」ということは，実は新採のときに当時の校長先生から指導を受けました。「職員室は学校の顔だから，お客さんが来たときにきれいな職員室で迎えたい」という思いからでした。そのとき教えていただいた方法が，「一番大きな引き出しを空にしておく」ということで

した。どうしても机の上を片付けられないときには，そっくりそのまま一度引き出しに入れるのです。こうしたことを繰り返しているうちに，机の上を片付ける習慣が身に付いてくるのです。また，引き出しがいっぱいな人は，大抵必要のないものも詰め込みがちです。引き出しを整理すると，何が必要なものなのかを仕分けることができるのです。私は今でもいざというときのために，大きな引き出しは空けていますし，一番よく使う引き出しは，間仕切りをして，何がどこにあるかが，一目で分かるようにしています。

一番大きな引き出しは空けておく。

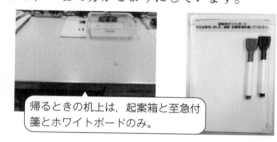

帰るときの机上は，起案箱と至急付箋とホワイトボードのみ。

「机の上を片付ける」，これが「教務主任，帰ります」の合図

　先生方は「自分の仕事は次の日に持ち越したくない」と考えています。起案するものがあれば，その日のうちに処理したいと思っているはずです。机上を整理することは，私がすでに帰宅したことを伝えることにもなります。私が他の職員より早く帰っても，翌日すぐに先生方から依頼された仕事に取りかかれるように，帰る前に，机上に前述の「起案箱」，「至急付箋」に加え，メッセージ記入用の「ミニホワイトボード」を置いておきます。翌朝，起案箱とメッセージボードを確認して，素早く処理をします。

Point

- ●机の上を整理すると，「すっきり」した気分になり，考えがまとまる。
- ●一番大きな引き出しは，空にしておく。不必要なものは持たない。
- ●「起案箱」，「至急付箋」，「メッセージボード」を置いて帰宅する。

第2章

Q&Aでよくわかる 教務主任の全仕事

教務主任の年間スケジュール

4月

校長の経営方針を周知徹底し，全教職員の指導を揃える

- ・校長の経営方針の理解と職員への周知徹底
- ・教育課程編成（教育委員会への届けと教育計画の作成）
- ・授業日と年間授業時数の配当，時間割の作成，年間行事予定の作成
- ・指導要録の作成，学級経営案の作成と管理
- ・授業参観およびPTA総会の計画，準備

5月

ゴールデンウィーク明けは，第2の新学期　指導内容を再確認する

- ・家庭訪問の計画と実施，連休明けの生徒指導，学級経営の確認
- ・校内研究・現職研修の計画や実施の支援，諸表簿の記載確認
- ・学校評価の計画，学習評価（通知表作成）の計画
- ・運動会（春実施の場合）の実施計画の確認と実施
- ・自己啓発面談の計画，実施　・秋実施の校外学習のバスの手配

6月

「慣れ→ダレ→荒れ」を未然防止するための見取りと支援を行う

- ・水泳指導の計画と安全対策の検討
- ・自己啓発シートにもとづく授業観察の計画，調整
- ・学校運営協議会の計画と実施の補佐
- ・防災指導，安全指導，校外学習等の危機管理の確認
- ・学習評価（通知表の評価，評定，所見）の確認

校長の学校経営の方針を全職員で共通理解し，教育計画に従って確実に実践するように働きかけます。４月は提出書類の作成に忙殺されますから，計画的な処理が大切です。毎月の仕事として，行事予定の作成，学校便りや下校時刻などの家庭連絡文書の作成や初任者研修の計画と実施等もあります。

7月

1学期の成果と課題を明らかにし，教育課程の進捗状況を確認する

- 成績処理（通知表作成），諸表簿の整理，記入及び管理
- 個人面談の計画の確認・調整，家庭への通知
- いじめ，不登校，問題行動，児童虐待や教育相談の点検と対応，報告
- 夏季休業中の児童生徒への指導と準備
- 授業時数集計，教育経営簿の記入と整理の確認

8月

夏季休業中の安全管理と2学期以降の行事や指導計画の見直しをする

- 教育課程の実施状況の確認と問題点の改善，現職研修の計画と実施
- 9月以降の校長の経営方針の確認と9月以降の見通し及び調整
- 次年度の宿泊を伴う行事の業者選定及び下見の計画，実施
- 4月に実施した「学力状況調査」の結果の分析と授業改善の提案
- 諸表簿の整理及び活用の確認，各種調査の整理，校内の環境整備

9月

長期休暇明けの生活のリズムの立て直しを行い，2学期を見通す

- 夏休み明けの生徒指導，学級経営の確認
- 防災訓練の計画と実施，安全指導および校外学習の危機管理
- 運動会（秋実施の場合）の実施計画の確認と実施
- 学校評価の中間評価の準備，2学期実施の行事の実施計画の確認
- 教育実習生の受け入れの計画と準備，教育実習の実施

教務主任の年間スケジュール

10 月

教育課程の進捗状況の確認と確実な実施，学力向上の推進を図る

- 教育計画（全体計画，年間指導計画，実施計画，研修計画）の確認
- 校務分掌の実働の確認，役割分担の再編
- 校内研究・研修の確認
- 学級崩壊や授業崩壊，いじめ等の点検と指導補佐
- 授業時数の確認と時間割（学習進度の確認，変更）の調整

11 月

地域と共に行う行事の計画及び実施，学校評価の準備を始める

- 地域と共に行う行事や周年行事の計画の確認と実施
- 学校運営協議会の計画と実施の補佐，研究発表会の準備と実施
- 学習評価（通知表の評価，評定，所見）の確認
- 学校評価（自己評価，指導部による評価，第三者による評価）の準備
- 三者面談の計画と実施

12 月

2学期までの成果と課題を明らかにし，学校評価を実施する

- 成績処理（通知表作成），諸表簿の整理，記入及び管理
- 学校評価（自己評価，保護者による評価）の実施，自己啓発面談の補佐
- 冬季休業中の児童生徒への指導と準備
- 卒業式や次年度入学式の実施計画案の作成
- いじめ，不登校，問題行動，児童虐待や教育相談の点検と対応，報告

後期の重点は，教育課程の確実な実施と学校評価をもとにした次年度の教育課程及び教育計画の策定です。また，運動会や文化祭，学習発表会などの行事もたくさん計画されています。地域と連携した活動や研究発表会等もあり，関係諸機関との綿密な連携と計画的な準備や運営が大切となります。

1月

学校評価の結果のまとめと改善策を策定し，教育課程の作成を始める

- 冬休み明けの生徒指導，学級経営の確認
- 学校評価（自己評価・保護者アンケート）の結果と改善策の公表
- 新1学年入学説明会の準備，保護者への案内
- 次年度の行事予定の作成と教育課程作成の準備
- 学習評価（通知表及び指導要録の作成）の指導

2月

学校評価をもとにした次年度の教育課程の作成を本格化する

- 学校評価を生かした次年度の教育計画の策定
- 学校運営協議会（学校評価とまとめ）の実施，公表と活用
- 新1学年入学説明会，保護者説明会の実施，学習用具等の購入
- 校長の次年度の学校経営の構想の確認，次年度に関する情報の入手
- 学習評価（通知表，指導要録の評定や所見）の確認

3月

本年度の成果と課題を明らかにし，次年度への引継を行う

- 学習評価の確定，指導要録等の諸表簿の記入と整理，進路先への送付
- 次年度の教育課程編成届（案）と教育計画（案）の作成
- 次年度の「教育計画書」の作成，校長の次年度の学校経営方針の理解
- 卒業式の実施と入学式の計画の確認，自己啓発面談の実施の補佐
- 校務分掌や諸会議の年度末整理と引継，授業時数の確認と報告

教務主任の週間スケジュール

月	火	水
出勤前に新聞・ネットニュースをチェック		
7:30　出勤　出勤簿準備　　7:40　校内巡視 7:50　児童出迎え・健康観察 8:20　欠席，遅刻児童の確認（欠席者の報告（養護教諭））		
・職員の動静確認（年休出張） ・起案文書の点検 ・メールチェック ・授業（年休者，出張者の授業補充） 10:45〜11:30 企画会（校長・教頭・教務） ・1週間の予定を確認 ・急な予定変更の確認 ・教育委員会等への報告文書の確認（今週分）	・職員の動静確認（年休出張） ・起案文書の点検 ・メールチェック ・授業（年休者，出張者の授業補充） ・初任者研修の計画準備 ・次週予定の確認・印刷	・職員の動静確認（年休出張） ・起案文書の点検 ・メールチェック ・授業（年休者，出張者の授業補充） ・月予定・週予定の確認・調整 ・起案文書の作成 ・学年行事や校務分掌の仕事の確認 　→担当者への支援と確認
給食／校内巡視（昼休み）／清掃指導／メールチェック		
・会議の準備 （資料の確認・会場準備） 15:00〜15:10　下校指導 15:15　校内の消毒	・授業（年休者，出張者の授業補充） ・次週予定の配付	・授業（年休者，出張者の授業補充） ・ホームページの更新確認
15:30〜16:30　諸会議 第1週　指導部長会 第2週　三指導部会 第3週　職員会議 第4週　研究推進委員会	16:00〜16:10　下校指導 16:15　校内の消毒 ・授業準備等 ・要請により学年会議に参加	16:00〜16:10　下校指導 16:15　校内の消毒 起案文書の点検 メールチェック 翌日の行事予定の板書 校内施錠確認　机上整理 教頭・校長への報告 16:40　定時退校の日
起案文書の点検 メールチェック 翌日の行事予定の板書 校内施錠確認　机上整理 教頭・校長への報告 18:00　退校	起案文書の点検 メールチェック 翌日の行事予定の板書 校内施錠確認　机上整理 教頭・校長への報告 18:00　退校	・健康管理の日 　サークル活動／習い事／ジムなど
就寝前に読書・ネットニュースをチェック		

教務主任は情報収集と情報発信が大切だと考えています。少し早く出勤して，校内巡視をしながら，先生方が力を入れて取り組んでいることを把握し，紹介します。予定変更には迅速な調整と連絡に努めます。起案文書の点検や会議の文書作成はその日のうちに済ますように心がけます。

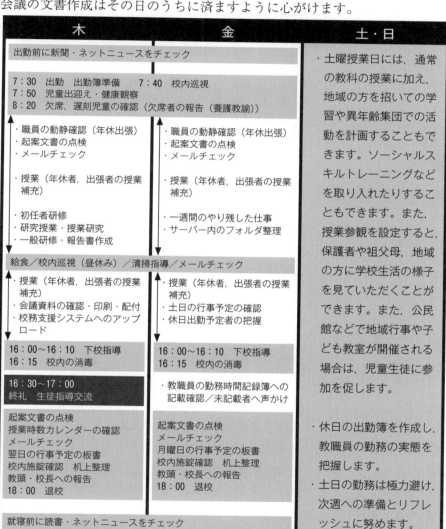

木	金	土・日
出勤前に新聞・ネットニュースをチェック		・土曜授業日には，通常の教科の授業に加え，地域の方を招いての学習や異年齢集団での活動を計画することもできます。ソーシャルスキルトレーニングなどを取り入れたりすることもできます。また，授業参観を設定すると，保護者や祖父母，地域の方に学校生活の様子を見ていただくことができます。また，公民館などで地域行事や子ども教室が開催される場合は，児童生徒に参加を促します。 ・休日の出勤簿を作成し，教職員の勤務の実態を把握します。 ・土日の勤務は極力避け，次週への準備とリフレッシュに努めます。
7：30　出勤　出勤簿準備　　7：40　校内巡視 7：50　児童出迎え・健康観察 8：20　欠席，遅刻児童の確認（欠席者の報告（養護教諭））		
・職員の動静確認（年休出張） ・起案文書の点検 ・メールチェック ・授業（年休者，出張者の授業補充） ・初任者研修 ・研究授業・授業研究 ・一般研修・報告書作成	・職員の動静確認（年休出張） ・起案文書の点検 ・メールチェック ・授業（年休者，出張者の授業補充） ・一週間のやり残した仕事 ・サーバー内のフォルダ整理	
給食／校内巡視（昼休み）／清掃指導／メールチェック		
・授業（年休者，出張者の授業補充） ・会議資料の確認・印刷・配付 ・校務支援システムへのアップロード	・授業（年休者，出張者の授業補充） ・土日の行事予定の確認 ・休日出勤予定者の把握	
16：00〜16：10　下校指導 16：15　校内の消毒	16：00〜16：10　下校指導 16：15　校内の消毒	
16：30〜17：00 終礼　生徒指導交流	・教職員の勤務時間記録簿への記載確認／未記載者へ声かけ	
起案文書の点検 授業時数カレンダーの確認 メールチェック 翌日の行事予定の板書 校内施錠確認　机上整理 教頭・校長への報告 18：00　退校	起案文書の点検 メールチェック 月曜日の行事予定の板書 校内施錠確認　机上整理 教頭・校長への報告 18：00　退校	
就寝前に読書・ネットニュースをチェック		

教務主任の仕事とは？

・教務主任は，担任や学年主任と
　どう違うのでしょうか。
・教務主任の仕事を進める上で，
　大切なことは何でしょうか。
・教職員からの問い合わせが多く
　て困ってしまいます。

・全校児童や職員のことを考えて
　仕事をします。
・教職員が見通しを持って仕事が
　できるように，先回りをします。
・問い合わせは信頼の証。

担任，学年主任から教務主任への意識改革

　今までの担任や学年主任から教務主任になると，直接児童と接する時間が少なくなるために，寂しさを感じます。そこはきっぱりと意識を変えて，全校児童と教職員のために，学校全体を見て仕事をしようと決意しましょう。

　教務主任の仕事を簡単にまとめると，次のようになります。

---

①教育計画を立案し，実践できるように働きかけること。
②教務に関する事項について，教職員間の連絡調整を行うこと。
③教務に関する事項について，教職員に指導・助言をすること。

　具体的には，校長の学校経営方針をもとに，教育課程を編成し，意図的，計画的，組織的，発展的に実践できるようにリードします。学校運営や教育活動の進捗状況を把握し，管理職の助言を仰ぎながら改善策を提示します。教科指導や生徒指導に苦慮する教師がいれば，相談に乗り，助言をします。学校評価を掌握し，成果と課題を明らかにして，次年度につなぎます。それに加え，各種起案文書の確認，PTA活動での教頭の補佐等の仕事があります。

職員が見通しを持って仕事ができるようにサポート

　教務主任の仕事で大切なのは，職員が見通しを持って仕事ができるように，先回りして準備をすることです。具体的には職員会議などの会議の円滑な進行と時間の管理です。会議を進めるには，管理職との意思疎通を十分に図っておくことと，議題を早めに周知することが大切になります。

　教務主任から伝えられる情報の中で，先生方が特に重要視しているのが，週予定です。一般的には，行事予定，時間割や日課の変更，出張関係，授業時数等を１枚にまとめたものを配付しますが，私は２週間分を印刷して配付するようにしています。小学校の低学年では，金曜日に次週の予定を家庭連絡するため，水曜日に次週の予定の計画，木曜日に文書起案，金曜日に児童へ配付という段取りになります。そこで火曜日の昼休みをめどに次週の予定を先生方に配付します。また，授業時間数の管理をするために，毎週木曜日の終礼の後に，１週間分の授業時間数を計算するように呼びかけています。

殺到する職員からの質問や相談は，信頼されている証

　教務主任の仕事に慣れてくると，教職員からの質問が多くなります。行事予定や日課の確認などは，文書で知らせてあっても確認されます。備品の保管場所はちょっと探せば見つかるのに尋ねられます。聞いた方が早く解決するからです。そんなときも笑顔で答えます。授業時数や週予定をパソコンで管理することが多いため，パソコンが堪能だと錯覚されて，操作方法などを尋ねられることもあります。教師は仕事が忙しい時期が同じなので，自分の仕事が忙しいときこそこうした問い合わせも多くなります。自分が忙しいときでも，丁寧な対応に心がけます。普段から丁寧な対応に心がけていれば，本当に忙しくて対応しきれないときには，周りの教師が助けてくれます。

　全く分からないことを尋ねられることもありますが，そんなときには，「申し訳ないけど，私には分かりません」と素直に謝ります。分かる人に心当たりがあるなら，「○○先生に尋ねると分かるかもしれないよ」と伝えます。

前任者から引き継ぐことは？

・前任の先生はどうしていたんでしょうか。
・聞きたいことがありすぎて何から聞いていいか分かりません。
・聞きたいけど異動していて分かりません。

・引継書とサーバー内の文書を確認しましょう。
・「入学式，始業式」と「職員会議」を乗り切ることを考えましょう。
・教頭先生を頼りましょう。

引継書を確認して，必要な文書等の管理場所を明らかにする

前任者からの引継をする場合，次のような方法があります。

①前任者から，直接説明を受けて，引き継ぐ。
②前任者が作成した「引継書」をもとに，文書で引き継ぐ。
③パソコンのサーバー内に保管されている文書を探して，引き継ぐ。

前任者がいる場合は，その都度必要なことを尋ねて確認すると確実に引継ができます。だからといって，いつも尋ねられるとは限りませんし，前任者が転出していない場合もあります。そこで，本校では，「引継書」を作成して校務分掌の引継をしています。

「引継書」には，次の内容を記載します。まずは，校内での業務です。毎日行う日常業務に加え，週毎や月毎など定期的に行う業務，さらに行事のときに特別に請け負う業務についてもまとめておきます。次に記載するのは，対外的な業務です。校務分掌にかかわるものや地域の関係機関と連携する業務などをまとめます。そして最後にデジタルデータの保管場所を記載します。

まずは,「入学式」と「職員会議」を乗り切る

　3月まで勤めていた学校でそのまま教務主任になったときには, 学校の様子が分かっているので余裕がありますが, 転任してすぐに教務主任になると, 新しい学校のルールや備品の使い方や管理場所が分からず, それこそチョーク1本補充するにも同僚に尋ねないといけないほど, 不自由な思いをします。

　やらなければいけないことがたくさんあり, 焦りがちですが, まずは入学式と最初の職員会議を乗り切れるように, 前任者から引継をします。

　良いスタートを切るために, 私は最初に次のことを確認しました。

①入学式にかかわること
　入学式の式次第, 会場準備や役割分担, 花や記念品, 祝電等の確認
②日課表の確認とチャイムの設定・変更の仕方などの管理方法
③第1回の職員会議にかかわること
　職員会議の資料の確認, 全体計画・教育計画作成の進捗状況
④印刷室の機器（印刷機, 裁断機など）の使い方とゴミの処分の仕方

　ゴミの処分の仕方は, 分別の方法が学校毎に異なるので, 確認が必要です。

前任者がいないときは, 教頭を頼る

　前任者が転出していていないときには, 前任者に尋ねるということが困難になります。そうしたときには教頭先生を頼りましょう。教頭先生もよく分からないときには, 校内の職員の中で分かる人につないでもらいます。教頭先生をアンカーにして, 校内のネットワークを広げていくのです。また, 教務主任しか分からない場合もあります。そうしたときには, 教頭先生に前任者とつないでもらいます。その後は電話やメールで連絡を取り合うことができます。さらに, 前任者には近隣の学校の教務主任で相談するとよい先生を紹介してもらいます。調べるより尋ねる方が早く解決することが多いのです。

◣ **教務主任になったらまずやること3**

校長・教頭（副校長）との連携手段は？

・校長や教頭とはいつ連絡を取り合えばよいのでしょうか。
・校長と教頭で意見が違うときはどうすればいいのでしょうか。
・一度打ち合わせが始まるとなかなか終わりません。

・校長と教頭の行動パターンを調べ，都合のよい時間を見付けます。
・校長と話す前に教頭と打ち合わせておきます。
・打ち合わせでは座りません。

不定期の打ち合わせより，毎日5分の打ち合わせを

　校内で喫煙ができたずいぶん前の話です。当時私は生徒指導主事をしていました。勤務していた学校の校長，教頭，教務主任は皆，喫煙者でした。朝出勤すると，喫煙所に向かい，たばこを吸うのが習慣でした。私はたばこを吸いませんが，いつもその場に同席していました。このたばこを吸う時間が良い打ち合わせの時間になっていたのです。その日の日程の確認や，特別な配慮を必要とする児童への支援方法，保護者からの問い合わせへの対応や教育委員会からの指示など，早急に取り組むことの確認が朝の短時間で行われたのです。喫煙者にとっては，たばこを吸う時間はリラックスタイムなので，ゆったりとした気持ちで話ができました。1日が良い気分でスタートできます。管理職との良い打ち合わせをするために，以下のことに配慮します。

> ①管理職の行動を把握し，できるだけゆったりできる時間で行う。
> ②校長と話す前に，教頭と教務主任で下打ち合わせをしておく。
> ③1回の打ち合わせの話題は1つにして，短時間で結論を出す。

46

校長との打ち合わせの前に，教頭と話をしておく

　第1章のマインドセットでは，教務主任から教頭，教頭から校長の報告ラインを守ることを述べましたが，日頃から教頭とできるだけ話をして，意思疎通をすることも大切です。校長と教頭は日頃から連絡を取っていますので，校長の意向を一番理解しているのは教頭です。その一方で校長と意見が違ったとき，一番伝えづらいのも教頭です。ですから，普段から教頭と連絡を取り合い，校長の意向を踏まえながらどうしたらよいかを相談し，必要に応じて2人から校長に具申するということが必要になるときもあります。学校をうまく回していくためには，校長，教頭，教務主任の合意が必要です。

打ち合わせは「立って行う」と短時間で終わる

　管理職との打ち合わせですので，短時間でタイムリーに行うのがよいと思います。ですから，1回の打ち合わせの話題は1つにします。そして早く結論を出します。校長先生から呼ばれたときには，大抵校長先生の腹の中は決まっています。よほどのことがない限り，同意して具体的な対応策を考えた方が効率よく仕事が進みます。結論が出たら，各自の仕事に戻ります。私は，その勢いで，先生方に連絡することがあれば，伝達文書を作成して，先生方への机上配付と校務支援システムの掲示板への連絡を済ませてしまいます。他にも話し合うことがあれば，打ち合わせを続けるのではなく，再度時間をとればよいのです。それでも至急を要することもありますので，そのときは臨機応変に対応します。本校の校長室には，少人数が立って打ち合わせができるテーブルを用意しています。メモを必要とする打ち合わせもあるのでテーブルがあると便利です。

忙しい4月を乗り切るには？

・忙しい4月を乗り切るために何から始めればよいのでしょうか。
・PTA総会のために，どんな準備をすればよいのでしょうか。

・4月はとにかく提出書類が多いので，計画的に準備しましょう。
・PTA総会の資料づくりは，職員や本部役員の協力を得ながら進めます。

大量の提出文書を計画的に処理する

　4月はとにかく大量の文書作成と報告に忙殺されます。至急提出しなければいけない文書もあれば，1か月ほど猶予のあるものもあります。配付や提出の期限を確認して，計画的に処理することが大切です。4月に確認，作成，報告，配付しなければいけない文書は以下のものがあります。

---

①指導要録，出席簿，教育経営簿などの学級担任に配付するもの
②日課表，時間割表などの児童の生活にかかわるもの
③教育計画，補助教材使用届けなどの教育委員会に提出するもの
④指導部会のレジメや職員会議の資料などの会議用資料
⑤個人情報掲載承諾書やPTA総会資料などの保護者に配付するもの

　始業式前に担任に配付するものは①と②の文書類になります。⑤の保護者配付文書の中でも，保健調査票などの児童の健康にかかわるものや承諾書類は始業式に配付したい文書です。教育委員会に提出するものは提出期限がありますので，期日に遅れないように準備を進めます。

パソコンの付箋機能を使って，備忘録代わりにする

　授業や担任からヘルプ要請が来たときな
どに，職員室を離れなくてはいけないとき
があります。仕事の手を止める前に，パソ
コンのデスクトップ上にメモを残します。
付箋機能を使うのです。Windows10では，
Sticky Notes という機能があるので，これ
にメモしてデスクトップに貼り付けておき
ます。職員室に戻ったとき，このメモを見
て続きの仕事をします。

　また，この付箋を To Do リストとして
も活用しています。終わった仕事の付箋を
消去する度に，仕事が片付いていく快感を
味わうことができます。

Sticky Notes をタスクバー
にピン留めしておくと，すぐ
に使うことができます。

PTA 総会の資料づくりは周りの人の協力を得る

　4月当初の仕事中には，自分の計画だけでは進まないものもあります。そ
れがPTA総会の資料の準備です。事前に資料を作成し，PTA本部役員会で，
その資料を確認し，承認された後，印刷，資料綴じを進めることになります。
教務主任がPTA会計を兼ねている場合は，会計報告の確認と監査を済ませ
る必要があります。PTA役員の中には，こうした経験が少ない方も見えま
すので，PTA総会で会計報告をする原稿を代わりに作成することもありま
す。私が以前勤めていた学校では，こうした仕事を教頭と教務主任がやって
いましたが，今はできるだけ多くの先生方やPTA役員の協力を得ながら行
っています。印刷はスクールサポートスタッフにお願いしたり，資料綴じは
作業時間を決めて全職員で行ったりします。また，当日の会場準備は，
PTA役員の方々にお願いしています。

必要な情報を収集するには？

・重要な情報を集めるには，どうしたらよいでしょうか。
・情報収集をするときに気を付けることは何でしょうか。

・情報は，情報提供者が得をするところに集まると肝に銘じましょう。
・傾聴と丁寧な対応が情報収集の基本です。

情報は「情報提供者が得をするところ」に集まる

よく，「ネガティブ情報ほど早く報告しなさい」と指導されることがあります。こうした指導がされるということは，「ネガティブ情報は報告されにくい」ということを示しています。では，どうして報告されないのでしょうか。それは，報告すると，報告者が嫌な思いをしたり，責任を取らなければいけなくなったりして，報告者が「損をした」と感じることがあるからです。逆に，報告したら「助けてもらえた」，「上司が責任を取ってくれた」，「善後策を一緒に考えてくれた」という経験があれば，素早く報告するようになるのです。そこで，私が肝に銘じていることがあります。

情報は，「情報提供者が得をするところ」に集まる。

つまり，報告や相談をした際，「相談を持ちかけて良かった」と感じた人が，その相手に次からも報告や相談を繰り返すのです。「どうして報告をしないのか」，「もっと早く相談しなさい」と叱責をしている人のところには，いつまでたっても重要な情報は集まらないのです。

情報収集の基本は「傾聴」

　それでは，どうすれば「報告や相談をして良かった」と感じてもらえるのでしょうか。私は，「相手の話を一生懸命聴くことに尽きる」と思います。

　一生懸命聴くために心がけていることは，次の通りです。

---

　①呼びかけられたら，返事をして立って応対する。
　②報告，相談を持ちかけたことに感謝し，労いの言葉をかける。
　③相手の顔を見て，うなずきながら話を聞く。
　④報告や相談の内容でよく分からないことがあれば，質問する。
　⑤報告なのか，相談なのかを聞き分け，次の行動を一緒に考える。
　⑥教頭や校長へ報告，相談する事案であれば同席する。

出会いは「一期一会」と思い，丁寧に対応する

　情報収集は校内ばかりではありません。出張や研修会で重要な情報を得ることもありますし，学校に出入りしている教材業者や点検・工事する業者から情報を得ることもあります。また電話でいろいろな方に問い合わせをして情報を得ることがあります。こうしたときに，心がけていることは，誰にでも，どんなときも丁寧に対応するということです。私が尊敬する教頭先生は，購入した教材を届けてくださった業者の方にもお茶を入れていました。

　研修会に参加したときには，できるだけ多くの参加者と話をして，顔つなぎをするようにしています。その際，役に立つのが，名刺です。私が勤める町の役場は，観光課が地域の偉人や観光名所をモチーフにした名刺をデザインしています。研修会では，これを使って挨拶をします。印象付けることができ，その後の連絡が取りやすくなります。

朝と帰りのルーティーンは？

> ・朝と帰りにするとよい仕事は何でしょうか。
> ・教務主任が各教室を回るときには，どんなことに気を付ければよいのでしょうか。

> ・朝は窓開けから始め，夕方は戸締りで終わるように心がけましょう。
> ・教室訪問で，各学級の良さを伝えたり，若手教師とOJTをしたりしましょう。

窓開けで1日が始まり，戸締りで1日が終わる

　私には苦い経験があります。夜間に何者かが校舎に侵入し，消火器をぶちまけたのです。警察の取り調べでは，侵入者は「1階の家庭科室の窓が開いていたのでそこから侵入した」と語ったそうです。戸締りの確認ミスなのか，それとも誰かが意図的にカギを開けておいたのかは分かりません。しかし，「退校前にもう一度確認しておけば，防げたのではないか」と悔いが残ります。新採で務めた中学校では，4月に新採教師3名が校長先生に呼ばれ，「君たち3人で校舎の戸締りの責任を持ちなさい」と校務分掌以外の仕事を命じられました。毎日，戸締りを確認する日々でした。それなのに，いつの間にか楽をすることを覚え，日直任せになっていたのです。

　今は朝，出勤したら校舎内を回り，異常がないかを確認しながら窓開けをしています。朝の気持ちの良い風を校舎に入れます。とりわけ夏期は教室の気温が朝から35℃を超えます。熱中症を予防する上でも窓開けは必須です。最近はエアコンを完備した学校も増えてきましたが，まずは風を入れてから，その後エアコンを入れ，涼しい環境で児童を迎え入れるようにしています。そして，退校前には，机上を整理し，校内の戸締りを確認して帰宅します。

教室を訪問したら足跡を残す

　朝，教室を回る際には，窓を開けることに加えて，黒板の隅にメッセージを残しています。これは，私が担任をしていたときに，当時の教頭先生が黒板メッセージを毎日残してくださったことが，私も当時担任していた児童もとても嬉しかったことを覚えているからです。メッセージの内容は，次のようなことです。

> ①黒板がきれい，机列や雑巾が揃っているといった教室環境の良さ。
> ②前日の児童の様子で「素敵だな」，「ありがとう」と感じたこと。
> ③担任が今力を入れて取り組んでいることや自慢していること。

　担任の中には，このメッセージを活用して学級経営をしてくださる先生もいます。最近では，新型コロナウイルス感染予防のために，地域のボランティアが教室の消毒を手伝ってくださっています。そのことをメッセージで伝えたところ，ボランティアの方にお礼のお手紙を書いた学級もありました。黒板メッセージが児童と地域をつなぐ架け橋になったと嬉しく思いました。

若手教師と一緒に戸締りをするのが OJT となる

　若手教師が日直で放課後の戸締りに回るときには，一緒に戸締りに回ることもしばしばあります。それは，戸締りをしながら，若手教師が他の先生方の教室を見て，すばらしいところをまねるようにするためです。

　若手教師には，ベテラン教師の学級の教室環境が整っていることに気付かせるようにしています。机列が整い，ロッカーや雑巾が整然と片付けられ，黒板がきれいに消されている。環境を整えると，けががなくなり，学習に集中できるようになって，学級が落ち着きます。掲示物を見ながら，その学級が今どんなことに力を入れて活動しているか，担任が何にこだわって指導しているかが分かります。教室訪問は若手教師にとって OJT なのです。

教育課程とは何か？

> ・「教育課程」とは，簡単にいうとどんなことを指すのでしょうか。
> ・標準授業時数を確保するために，気を付けることは何でしょうか。

> ・「教育課程」とは，授業だけではなく，総合的に組織した教育計画のことです。
> ・授業の進捗状況の確認と並行して授業時数の集計も行い，時間割の調整をします。

「教育課程」とは何か？

　教育課程とは，学校教育の目的や目標を達成するために各学年の授業時数との関連において，学習指導要領に示された内容を総合的に組織した学校の教育計画のことです。各学校では，学習指導要領等を受け止めつつ，児童生徒の姿や地域の実情等を踏まえて，各学校が設定する教育目標を実現するために，どのような教育課程を編成し，どのようにそれを実施・評価し改善していくのかという「カリキュラム・マネジメント」が大切になります。特に，新学習指導要領の目指す理念を実現するためには，教育課程全体を通した取組を通じて，教科横断的な視点から教育活動の改善を行うことや，学校全体の取組を通じて，教科等や学年を越えた組織運営の改善を行うことが求められています。こうしたことを踏まえて，教育計画を策定します。

「教育計画」として，何を揃えるのか

　教育委員会には，各学校が策定した教育計画を提出します。提出様式は各市町村で定められています。学校沿革や年間の授業日及び行事等の計画，授業時数と指導の重点等をまとめます。主な記載項目は以下の通りです。

①学校規模，地域・学校・児童生徒の実態，学校経営の全体構想
②学校運営機構，年間予定，研修計画，学校評価
③各教科・領域等の計画授業一覧，特色ある教育活動，行事計画
④週時程（日課表）

担任（教科担任）がこまめに授業時数管理をする環境を整える

　教育課程の実施と管理をする上で重要なのが，授業時数の管理です。年度末には，教育委員会に各学年の授業時数を報告します。標準授業時数に満たなかった場合は，その理由も明記しなければなりません。ましてや未履修があれば大きな問題となります。こうしたことを防ぐためにも，授業の進捗状況を確認しつつ，実際の授業時数がどれくらい確保できているかを随時確認し，授業時数の調整を図る必要があります。ハッピーマンデーや振替休日の関係で月曜日の授業時数は他の曜日に比べて少なくなりがちですし，特定の曜日に行事が重なったりすると，その曜日の教科時数が極端に少なくなってしまうことがあるからです。

　そこで本校では，以下のような授業時数集計表を使って，毎週木曜日の終礼の後に，各担任が授業時数を集計し，時間割を調整するようにしています。中学校では，学校規模にもよりますが，担任が把握した授業時間数をもとに，教務主任が2週間程度のスパンで，時間割を調整するとよいと思います。

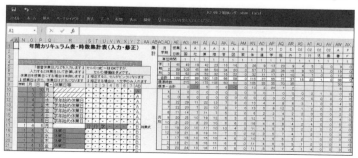

学校教育目標はどう設定する？

・学校教育目標を設定するときに大切にすることは何でしょうか。
・実現可能な目標を設定するために大切なことは何でしょうか。

・不易と流行のバランスや校長の学校経営方針を踏まえて目標を設定します。
・児童生徒，保護者，地域の実態を考慮して目標を設定します。

「不易」と「流行」のバランスのとれた目標を設定する

　学校教育目標は，その学校の教育活動が目指す姿であり，児童生徒の育成すべき姿を示したものです。この学校教育目標には，いつの時代にも変わらず指導していくべき「不易」の側面と，時代の変化に伴う教育改革の動向を見据え，教育課題に敏感に対応していく「流行」の側面があります。この，「不易」と「流行」のバランスのとれた目標を設定することが大切です。

　「不易」の側面として代表的なものは，以下のように考えます。

①豊かな人間性の育成や知・徳・体の調和のとれた児童生徒の育成
②「読む，書く，話す，計算」などの基礎的，基本的な学力の定着

　「流行」の側面としては，例えば，以下のものが挙げられます。

①コミュニティ・スクールや危機管理など「社会に開かれた学校」
②「Society 5.0社会」を生き抜くために必要な知識，技能，判断力

校長の学校経営方針を具現するための方策を示す

　前述の「不易」と「流行」の視点から，学校教育目標の素案を考えます。

　「不易」の部分は教育哲学的な要素もありますので，校長の学校経営方針を読み返し，校長が一番に取り組みたいことを理解し，具体的な目標を設定します。

　「流行」の部分は，各都道府県や市町村が重点的に取り組んでいる分野がある場合もあるので，そうした内容を目標に取り入れることも考慮します。さらに今回の新型コロナウイルス感染症への対応など世相を反映した目標が必要になる場合もありますし，「GIGA スクール構想」の実現など，国を挙げてのプロジェクトを推進する目標を掲げる必要に迫られる場合もあります。

　いずれの場合も，校長の学校経営方針と照らし合わせながら，方針と重点とを定め，それらを達成するための具体的な方策を考えることになります。

児童生徒・保護者・地域の実態を分析し，実現可能な目標を設定する

　いくら良い目標を設定しても，それが「絵に描いた餅」に終わってはいけません。そこで，学校の実態を把握し，強みと弱さを分析して学校内外の教育資源を整理することから始めます。そして，実現可能な目標を設定します。

　例えば，「開かれた学校」を目標に掲げるとしたら，保護者はどれくらい学校の教育活動に関心があり，協力を得られるのかということを把握した上でプランを立てる必要があります。同様に，学校の教育活動に協力していただける地域の団体や人材はどれくらいいて，どんな活動ができるかを分析したり，逆に児童生徒が地域の活動にどれだけ貢献できるかを考えたりすることも必要になります。コミュニティ・スクールが導入されて，うまく機能しているケースは，家庭や地域の協力を活用しているだけでなく，学校が地域社会に貢献していることが多いのです。まずはフィールドワークを駆使して，学校の実態を把握することから始めましょう。そして学校教育目標が具現できるように，校務分掌配置についても，校長に具申しましょう。

年間指導計画の作成で気を付けることは？

・年間指導計画を作成する上での，教務主任の役割を教えてください。
・年間指導計画を作成する上でのポイントは何でしょうか。

・各種ある年間指導計画の整合性とバランスを考慮し，その調整をします。
・地域人材を活用した計画を立案したり，適宜見直したりすることが必要です。

一覧表で見通しを持ち，それをもとに領域毎の年間指導計画を作成する

年間指導計画には，以下のように様々なものがあります。

①行事予定等年間計画（毎月の行事，会議，出張等の予定）
②PTA活動年間計画
③各教科，特別の教科道徳，外国語活動，総合的な学習の指導計画
④学級活動，児童会活動，クラブなど特別活動の年間指導計画
⑤保健安全指導，進路指導，教育相談等，各分掌の年間指導計画

　教務主任は，これらすべてを用意するのではなく，それぞれの年間指導計画の整合性とバランスがとれたものにするための調整をします。そのために教務主任が年間の行事予定の一覧表を示します。この一覧表をもとに，各校務分掌担当者が作成します。③の各教科等の年間指導計画は，教科書会社が示しているものを活用して教務主任が作成しています。教科の指導計画は，作成することより，活用することに力を入れているからです。授業を行った後，担任に加筆修正をしてもらい，次年度に生かせるようにしています。

地域の特性を生かす

　各種年間指導計画を作成する際，校内の資源のみを考えるのではなく地域人材や特性などを活用するとよいと思います。地域の歴史や文化とかかわる活動を取り入れたり，野菜作りや外国語に堪能な地域の人材を学校に招いたりして教育活動を行うと，特色のある教育活動を行うことができます。また，コミュニティ・スクールの視点からも地域人材の学校教育への積極的な参画が求められています。土曜授業を活用して，公民館等で行われていた市民教室の活動を学校の授業として行ったり，家庭や地域と協力して情報化社会を生き抜くための情報モラル教育を推進したりすることなどが考えられます。

　本校では，コミュニティ・スクール事業の一環として，地域住民と学校が一体となって大規模災害を想定した避難所開設訓練を行ったり，小学生とその保護者，地域のお年寄りが一緒に「特殊詐欺被害から身を守る方法」を学ぶ情報モラル教育を行ったりしています。

適宜修正を加える

　コロナ禍の学校運営の中で学んだことがあります。それは，「計画や役割分担は適宜見直すことが必要である」ということです。学校では，年度初めに立案した計画や校務分掌に沿って学校運営が進められます。その計画はよほどのことがない限り前年踏襲ということが多いように思います。前年踏襲が悪いとは言いませんが，児童や地域の実態の変化，職員構成や得意なこと，そして今回のコロナ禍のような社会情勢などを踏まえて臨機応変に対応する力こそ，教務主任に求められていると思います。もちろん，決裁者は校長ですが，校長に積極的に具申をすることが大切ですし，何よりも校長から相談を持ちかけられる教務主任になりたいものです。今年度はコロナ禍の中で，運動会や校外学習などの行事を中止したり，変更したりしましたし，負担が増えた養護教諭や清掃担当の仕事分担を再検討したりして，指導計画や校務分掌の改善を図りました。

教育課程にかかわること4

地域の特性を生かした
教育計画をつくるには？

・地域の特性を生かした教育計画を作成するためには，どんな準備をするとよいでしょうか。
・特色のある教育活動には，どんなものがありますか。

・学校教育に協力していただける地域人材を発掘します。人材バンクカードに人材登録をして活用します。
・コミュニティ・スクールを活用して活動を行います。

人材バンクカードを作成する

　地域の特性を生かした教育活動を行うには，地域の歴史や文化を知ったり，教育活動に協力していただける人材を発掘したりして，教育計画を作成することから始めます。教科の授業だけでなく，総合的な学習や特別の教科道徳，外国語（活動）や行事などで特色のある教育活動を計画することができます。

　こうした教育計画を作成する上でキーポイントとなるのが地域人材です。職員構成が変わっても継続して地域人材を確保し，継続的に教育活動に協力していただけるように，人材バンクを整備しておくとよいと思います。人材バンクカードを作成して教育計画を作成し，地域人材との連絡調整や授業づくりに活用します。カードには次のような内容を記入します。

①名前，連絡先（住所や電話番号），写真
②協力していただける領域や活動内容
③過去の活動歴
④交通費や謝礼の取り扱い

府中小学校　学校支援人材バンク　NO.

領域	外国語（活動）	クラブ	
ふりがな			
お名前			
住所			
連絡先		携帯・⦅自宅⦆	
活動内容	① イングリッシュクラブの講師 クラブの時間の英語劇の指導 １１月に行う「かしの木文化祭」での英語劇講演の指導 町づくりセンターとの連絡調整 ② ３，４年生外国語活動　英語助手 外国語活動の授業でのアシスタント 児童へのデモンストレーション 担任とのダイアログ ③ ５，６年外国語　英語助手 パフォーマンステストの作成補助 児童へのパフォーマンステストの実施、評価補助		

	年度	領域	活動内容
活動歴	R１	クラブ	イングリッシュクラブ講師
	H３０	クラブ	イングリッシュクラブ講師

備考	＊講師料辞退

人材バンクカード

地域住民と行う避難所開設訓練

地域の伝統文化を学ぶ雅楽教室

コミュニティ・スクールを生かす

　本校では，コミュニティ・スクールを生かして地域住人と共に学ぶ教育活動を行っています。東日本大震災以降，地域防災の必要性が高まっています。そこで，町づくりセンターが中心となり，学校と地域が連携して避難所開設訓練を行っています。学校が避難所になったことを想定し，役割分担をして避難所を運営する訓練をします。総合的な学習の時間には，地域の文化を学ぶ雅楽教室を行ったり，学校薬剤師や保護司を招いて，親子で薬物濫用防止について学んだりします。外国語に堪能な方に英語助手をお願いしたり，地域のお年寄りに家庭科のミシンの学習の補助をお願いしたりもしています。

時間割の編成基準は？

・時間割はどの手順で作成するとよいのでしょうか。
・時間割表を印刷するときに，配慮することはありますか。

・特別支援学級の授業から組みます。交流学級との調整が必要だからです。
・支援員や特別教室の割当も記載し，指導者と指導の場を明確にします。

特別支援学級から時間割を組む

　時間割を作成する場合，最初に特別支援学級の担任と相談して，特別支援学級の時間割から組むようにしています。交流学級で授業を行う教科を決め，支援員を割り当てられる時間にその教科を当てます。交流学級で行う教科は，音楽や体育など特別教室を使うものも多いので，その割り当ても考慮します。

　さらに，通常学級の児童の中には通級指導教室に通う児童もいます。言語通級教室に通う児童がいる学級は，その時間に国語を当てるようにします。

　時間割の作成は，以下の手順で行っています。

①特別支援学級の時間割と通級指導教室の時間割を組む。
②非常勤講師や外部講師，少人数指導加配教師など，授業時間に指定があったり，複数学年にまたがって指導したりする教師の授業を組む。
③初任者の学級の時間割を組む（初任者研修に対応する）。
④音楽，理科，体育など特別教室を使用する教科を組む。
⑤残りのコマについては，担任と相談して教科を割り振る。

時間割を作成する際，児童の特性を考慮します。低学年の児童の場合，午後の集中力が極端に下がります。そこで，国語や算数はできるだけ午前中に組むように配慮します。図工や総合的な学習などは必要に応じて２時間続きの授業を設定します。体育が３時間とも６時間目というように，特定の教科が同じ時間ばかりにならないようにも配慮します。振替休日や休業日で欠けることが多い月曜日の時間割は，適宜曜日を振り替えて，時数調整をします。

支援員や特別教室の割り振りも時間割表に位置付ける

　時間割表を印刷する場合は，支援員など各教室で指導に当たる教職員をすべて位置付け，どの教職員がどの時間にどの学級で指導しているかを分かるようにします。また，特別教室の優先割り当て学級を一覧にしておくことで，時間割を変更して特別教室を使いたいときの調整がしやすくなります。

日課表の作成で気を付けることは？

・日課表を作成するに当たってどんなことに気を付けるとよいでしょうか。
・各校の特色を生かした日課表を作成するにはどうしたらよいでしょうか。

・児童の生活リズムに配慮し，追い立てない時間配分を考えます。
・特色ある活動や社会情勢にあわせて帯活動の時間などを調整します。

児童を追い立てない日課表を作成する

　学校では，児童も教師も日課表にもとづいて生活をします。また，学校には，時間を守る，廊下は右側を静かに歩く，下駄箱やトイレの履き物は揃えるなどの生活の約束があります。これらの約束を守りながら，落ち着いてかつゆとりある生活ができるように時間割を作成します。時間割を作成するに当たって，次の点に留意しています。

①朝の会や帰りの会の前後，授業間の休み時間は適度に取れているか。
　トイレや児童生徒や教師の教室移動に十分な時間を確保してあるか。
②朝活動などの帯の活動は必要か。
③通常日課の他に特別日課は必要か。
④インフルエンザ流行のための学校閉鎖等で授業数が減ったときに対応できるものになっているか。
⑤教師の勤務時間に配慮するなど，働き方改革に見合ったものになっているか。

通常日課			
登校したら，カバンを片付け，予定を書きましょう。朝の会まで静かに読書をしましょう。			
朝の会	8：10	～	8：25
1	8：30	～	9：15
2	9：25	～	10：10
太陽の時間	10：10	～	10：30
3	10：35	～	11：20
4	11：30	～	12：15
給食	12：15	～	13：00
昼休み	13：00	～	13：15
掃除	13：20	～	13：35
5	13：45	～	14：30
帰りの会	14：35	～	14：50
6	14：55	～	15：40
5時間下校	15：00		
6時間下校	15：50		

日課表（月曜日）			
登校したら，カバンを片付け，予定を書きましょう。朝の会まで静かに読書をしましょう。			
朝の会	8：10	～	8：25
1	8：30	～	9：15
2	9：25	～	10：10
太陽の時間	10：10	～	10：25
3	10：30	～	11：15
4	11：25	～	12：10
給食	12：10	～	12：55
昼休み	12：55	～	13：10
5	13：15	～	14：00
6	14：10	～	14：55
帰りの会	14：55	～	15：05
全校一斉下校	15：15		

　本校では，45分の授業時間を短くする特別日課は作成していません。授業は45分単位で確実に行うことに重点を置いているからです。新型コロナウイルスの感染予防のための健康観察や消毒の時間を確保するために，朝の帯活動をなくし，児童の下校時刻を20分早めるようにしました。月曜には掃除をなくし，会議の時間を確保すると共に，休校等による授業時間数不足になったときには授業数を増やすことができるようにもしています。

働き方改革にも対応できる日課表を作成する

　教師の働き方改革が叫ばれています。本校の勤務時間は8：10から16：40ですが，7：50には児童が登校します。児童の登校時刻ぎりぎりに出勤しても毎日，朝だけで20分の時間外勤務となるわけです。時間外勤務時間は月45時間以内と定められていますので，放課後に教師が業務に当たれる時間を確保することが必要になります。小学校においても教科担任制を導入して，教師の空き時間を確保するなど，時間割を工夫することも必要です。

補助教材の選定・購入で気を付けることは？

・教材選定の手順を教えてください。

・教材選定を行う上で，どのようなことに留意するとよいでしょうか。

・学年部で教材を選定し，選定委員会を行います。教材使用届を教育委員会に提出した後，発注します。

・使い切ること，業者の偏りをなくすことに配慮します。

教材等選定委員会を経て，教材使用届を教育委員会に提出する

補助教材の選定に当たっては，各学校で行う補助教材等選定委員会の承認を受けて選定をします。本校では，学期毎に補助教材等選定委員会を開いています。

補助教材等選定委員会で選定した教材等については，その使用届を教育委員会に届け出るよう市町の管理規則に定められています。

教材使用届には，教材名，出版社名，単価，使用教科と使用目的，使用学年と使用学期，及び納入予定業者を記載します。

府中小　第　2　号
令和2年4月7日

垂井町教育委員会　様

垂井町立　府中小学校長
氏名　　　　　　　印

令和2年度　第1学期分　教材使用届

教材を次のとおり使用したいので垂井町立小中学校管理規則第12条の規定によりお届けします。

第1学年

番号	使用教材名	出版社等	単価	使用教科等	使用教科等および使用目的	使用学年	使用児童数	使用期間	めしべ点等
1	ひらがなのれんしゅう（バラ売・プリントのみ）	青葉出版	270	教科	国語 ひらがな文字練習	1年	52	1学期	A社
2	しょしゃノート	光文書院	300	教科	国語 書写練習・清書	1年	52	1年間	A社
3	算数評価テスト（期末あり）A	ぶんけい	290	教科	算数 観点別評価資料	1年	52	1年間	A社
4	国語評価テスト（期末あり）	光文書院	260	教科	国語 観点別評価資料	1年	52	1年間	A社
5	アサガオセット4-3型（充柱付）（単体3個＋支柱2個）	ダイワ	500	教科	生活 栽培・観察	1年	52	1年間	A社
6	カラーぞうけい	昭和教材	110	教科	図工 工作材料	1年	52	1年間	B社
7	なつのとも	岐阜県校長会	420	教科	国語・算数 1学期の復習	1年	52	夏休み	岐阜県小中学校校長会
8	くりかえしけいさんドリル チェックシート付き	文溪堂	240＋40	教科	算数 計算反復練習	1年	52	1年間	A社
9	くりかえしかんじドリル	日本標準	340	教科	国語 漢字反復練習	1年	52	2・3学期	A社

第2学年

番号	使用教材名	出版社等	単価	使用教科等	使用教科等および使用目的	使用学年	使用児童数	使用期間	めしべ点等
1	漢字ドリル	日本標準	340	教科	国語 漢字反復練習	2年	48	1年間	A社
2	計算ドリル	新学社	340	教科	算数 計算反復練習	2年	48	1年間	B社
3	書写ノート	光文書院	300	教科	国語 書写練習・清書	2年	48	1年間	A社
4	国語評価テスト基礎・基本こくごA（期末テストあり）	教育同人社	290	教科	国語 観点別評価資料	2年	48	1年間	B社
5	算数評価テスト基礎・基本さんすうA（期末テストあり）	教育同人社	290	教科	算数 観点別評価資料	2年	48	1年間	B社
6	まどをひらいて	ヒシエス	160	教科	図画工作 工作材料	2年	48	1年間	A社
7	夏の友	岐阜県校長会	450	教科	国語・算数・生活 1学期の復習	2年	48	夏休み	岐阜県小中学校校長会

納入業者が偏らないように配慮する

　教材を選定する上で，教材納入業者が偏らないように配慮しています。教材によって使用のしやすさが異なっている場合もあるので，担任の教師からすると好みの教材会社があることもあります。しかし，特定の納入業者が取り扱う教材会社の教材ばかりを使用していると，教材選定の公平性が疑われてしまうこともあるのです。複数の納入業者が取り扱っている教材については，納入業者を分けるなどの配慮をします。

購入した補助教材等は必ず使い切る

　購入した補助教材等は，確実に使い切らなければいけません。そのため教材の吟味と計画的な使用が求められます。補助教材の選定と使用については，次のような配慮をしています。

①業者テストやプリント，ドリル類の学習レベルと分量が児童の実態に合っているか。使用期間内に使い切ることができるか。
②単価と教材内容を見比べて，コストパフォーマンスは適当か。
③漢字や計算など反復練習が必要なものについては，複製して使用することが可能であるか（使用上の著作権について確認する）。
④予算書を作成し，学習費ですべてまかなえるかを確認する。
⑤定期的に補助教材等の使用の進捗状況を確認し，学年部の教師すべてが計画通りに使用しているかを確認する。
⑥使用後は家庭へ返却し，校内及びPTAの会計監査を受けて，学期末には会計報告をする。

　私は2年続けて同じ出版社の業者テストを使用しないようにしています。兄姉がいる児童は，事前に前年の問題も見ていることがあるからです。業者テストの中には，毎年同じ問題が出題されることもあるので配慮しています。

教育課程にかかわること8

"スクールスタンダード"を
どう確立する？

> ・「スクールスタンダード」とは
> 何ですか。
> ・「スクールスタンダード」を確
> 立するにはどうすればよいでし
> ょうか。

> ・「スクールスタンダード」とは,
> 学校で最低限揃えておく学習や
> 生活の約束です。
> ・年度当初に全校集会を行い,全
> 校児童と教師とで確認します。

スクールスタンダードとは

　スクールスタンダードとは,年度や学級,担任が変わっても,その学校で最低限揃えておくルールのことです。スクールスタンダードを決めておくと,年度初めにクラス替えをしても,児童が生活する上で戸惑うことが少なくなります。また,新しく赴任した教師にとっても,指導に生活のルールが身に付いているので指導上困ることも少なくなります。また,学校全体で必要な指導を協力して行っていけるというメリットもあります。スクールスタンダードには,次のようなものがあります。

①登校してから始業までにすることや休み時間の過ごし方のルール
②履き物の揃え方やロッカーの使い方など周りの人が気持ちよく生活す
　るための身の回りの整理整頓の仕方
③ノートの使い方や発言の仕方,話の聞き方などの学習ルール
④給食配膳や掃除の手順
⑤学校で使用する学用品や服装などのルール

最近は，「ブラック校則」などと児童生徒や保護者から指摘されることもありますので，こうしたスクールスタンダードは教師が決めるのではなく，児童生徒と「みんなが気持ちよく，安心して生活できるためのルールを決めよう」と提案して，一緒に決めていくことが大切になります。

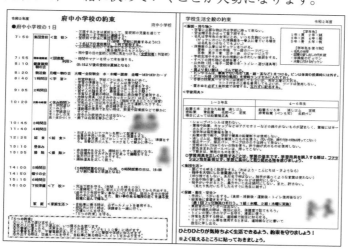

年度初めの１週間は「全校集会」で始める

スクールスタンダードは決めることが重要ではありません。児童生徒と教師がそのスクールスタンダードを確認し，実践することが大切になります。そこで本校では，スクールスタンダードを児童と教師で確認するために，年度当初の１週間は全校集会で始めるようにしています。１時間目に全校集会を位置付けます。１日目は教務主任が日課表などの生活のリズムについて話した後，給食と掃除の手順について確認します。２日目は生徒指導主事が生活のルールを，３日目は学習指導部長が学習のルールについて確認します。こうすることで全校児童は今までのルールを再確認できますし，１年生と新しく赴任してきた教師はスクールスタンダードを知ることができます。児童と教師が一緒に確認することで，児童が易きに流れることなく，落ち着いた生活を送れるようになります。

授業改善にどう取り組む？

・学校全体で授業改善を進めるにはどうすればよいでしょうか。
・授業改善を図るために，どんな取組を行うとよいでしょうか。

・「〇〇学校の授業はこれだ‼」を作成し，目指す授業の姿を共有します。
・「計画ノート」と「板書計画」を作成して授業に臨み，教師の指導力を高めます。

「〇〇学校の授業はこれだ‼」を示し，授業で目指す姿を共有する

　本校では，「府中小学校の授業はこれだ‼」という授業の流れを定めています。授業の導入，展開，終末部で特に力を入れて取り組むことをまとめています。また，家庭学習の仕方についても記しています。

　導入では，児童の「知りたい」，「分かりたい」という気持ちを高めて課題化を図ります。展開では，自分の考えをまとめる時間を保証した上で，意見を交流させることによって考えを深めていきます。そして終末では，児童が自分の言葉で本時のまとめをノートにまとめて学習内容の定着を図ります。

令和２年度　府中小学校の授業はこれだ！！
～どの子も楽しく学び，学習内容を身に付けていけるように～

さらに，研究主任と連携し，校内研究と連動して授業改善に取り組むと効果的です。例えば，研究主任から，「次の研究授業では，『導入の工夫』を研究の重点にしますので，各担任が導入を工夫した実践を持ち寄りましょう」と呼びかけます。研究会では，授業研究会に加えて，それぞれの実践を交流しあい，授業改善に生かすのです。

また，この「府中小学校の授業はこれだ!!」はPTA総会で保護者にも説明し，学校と家庭とが連携して学習の仕方を身に付けていけるように協力を呼びかけています。

計画ノートと板書計画で，児童の理解を深めて教師の指導力を高める

児童の理解を深め，教師の指導力を高めるために，「計画ノート」を作成して授業に臨むことを推進しています。「計画ノート」とは，児童が使用するノートと同じ方眼ノートを用意し，授業中に児童が書くものと同じものを作成したものです。資料をノートに貼り付ける予定であれば，それと同じように貼り付けます。この「計画ノート」を作成することによって，教師は板書する内容を整理でき，板書計画を作成しやすくなります。低学年なら，ノートのマスの数に合わせて，板書の文字数を調節することもできます。また，板書とノートの内容がまとまると，授業中の発問も吟味することができます。

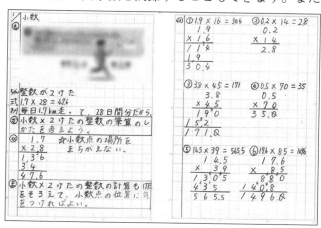

新採教諭が作成した「計画ノート」

"アクティブ・ラーニングの推進" どう進める？

> ・アクティブ・ラーニングとはどのような学習でしょうか。
> ・アクティブ・ラーニングを通して，児童にどんな力をつけていきますか。

> ・問題解決的な学習など，従来から取り組んできた学修者の積極的な参加を促す学習です。
> ・何をどのように学んだかを実感できるようにします。

アクティブ・ラーニングについての共通理解を図る

　数年前から，「アクティブ・ラーニングが導入される」ということが学校現場で話題になり，ベテラン教師を中心に，「新しいことがどんどん導入されることに不安がある」という言葉が聞かれました。アクティブ・ラーニングとは，「学修者の積極的な学修への参加を促す授業や学習法の総称」とされ，次のような学習が想定されます。

---

①体験的な学習

②基礎的，基本的な知識や技能を活用した問題解決的な学習

③言語活動の充実を図る学習

④探究的な学習や協働的な学習

　こうした学習は，今までも取り組んできた学習です。新しいことに取り組んでいくんだと考えるよりは，基礎的，基本的な知識・技能の習得の場であっても，教師からの説明を中心とした一斉授業から，児童が考え，判断し表現しながら身に付けていく学び方を工夫するのだと考えるとよいと思います。

児童に学習の振り返りをさせ，「何をどのように学んだか」を明らかにする

　アクティブ・ラーニングの主体は児童ですから，授業の最後には，「本時に何を学んだのか，どうしてそれが理解できたのか，身に付いたのか」を振り返るようにしています。算数の時間の終わりには，「小数÷整数の計算の仕方で大切な考え方は0.1のいくつ分で考えたり，位に分けて計算したりすることだと分かりました。私は位に分けて考えていたけれど，○○さんの意見を聞いて，0.1のいくつ分で考えると，整数で計算できるので，分かりやすいなと思いました」と学習の振り返りをする児童がおり，本時に学んだことや仲間との学びあいを通して発見したことを明らかにして次の時間に学びをつなげていくことができました。

学級内習熟度別授業の展開

　私は，全校児童が28名のへき地小規模小学校に勤務した経験があります。5年生と6年生の複式学級の担任をしており，国語や算数の授業は，教室の前後にある黒板を使って，2学年同時に授業を行っていました。教師が2つの学年を行き渡りながら，指導過程をずらして授業を行うので，「わたり・ずらし」の授業過程と言われています。こうした授業では，授業の半分は児童だけで授業を進めていくわけです。教師が用意したヒントカードや資料を用いて自己解決を図ったり，仲間との意見交流を通して考えを深めていったりする学習活動が当たり前なのです。

　こうした経験を生かして，私は学級内習熟度別授業を取り入れています。課題を設定した後，教師と一緒に学習するグループ，教師のヒントカードをもとに自力追究するグループ，自力解決をもとに，仲間と意見交流をして理解を深めるグループに分かれて学習します。仲間と意見交流をするグループは，ホワイトボードを使って，学習係が中心となって意見交流を進めます。最後に各グループで導き出したことを紹介しあって授業を終えます。

"特別支援教育" どう進める？

・特別支援教育を進めるための教務主任の役割は何でしょうか。
・特別支援教育を進めるために，どのようなことに配慮するとよいでしょうか。

・「誰一人置き去りにしない教育」の推進役となります。
・個別の教育支援計画をもとに，合理的配慮をしたり，ユニバーサルデザインを取り入れたりします。

「誰一人置き去りにしない教育」を推進する

　特別な配慮を要する児童生徒や外国人児童生徒の増加を踏まえ，また，特定分野に特異な才能を持つ者への指導を充実させるためにも，「誰一人置き去りにしない教育」が求められています。

　教務主任は，特別支援教育コーディネーターと連携して，インクルーシブ教育システムの推進や特別支援教育の実践をリードする推進役となります。

個別の教育支援計画

特別支援教育を充実するために，次の３点を特に力を注ぎます。

---

①「個別の教育支援計画」を作成し，意図的継続的な支援を行う。
②障がいのある児童生徒からの意思表明に従い，合理的配慮をする。
③ユニバーサルデザインを取り入れた授業づくりを推進する。

ユニバーサルデザインを取り入れた授業づくり

「特別な支援を必要とする児童にとって有効な手立ては，どの児童にも有効な手立てである」という考えのもと，ユニバーサルデザインを取り入れた授業づくりに力を注いでいます。具体的には，課題やゴールを「焦点化」して取り組んだり，言葉による指示に加えて，視覚情報を合わせて提示するなど「視覚化」をしたり，授業中に，一緒に学んでいることを感じ，仲間から学び取る場を設定して「共有化」を図ったりすることなどが挙げられます。

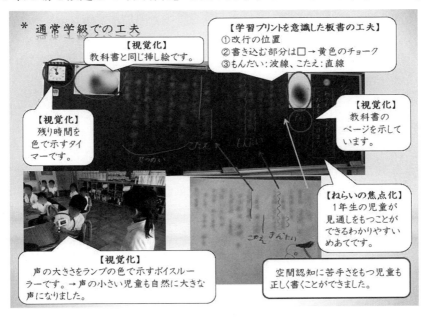

＊ 通常学級での工夫

【学習プリントを意識した板書の工夫】
①改行の位置
②書き込む部分は□→黄色のチョーク
③もんだい：波線、こたえ：直線

【視覚化】
教科書と同じ挿し絵です。

【視覚化】
残り時間を色で示すタイマーです。

【視覚化】
教科書のページを示しています。

【ねらいの焦点化】
1年生の児童が見通しをもつことができるわかりやすいめあてです。

【視覚化】
声の大きさをランプの色で示すボイスルーラーです。→声の小さい児童も自然に大きな声になりました。

空間認知に苦手さをもつ児童も正しく書くことができました。

"キャリア教育" どう進める？

・「キャリア教育」で目指すものは何でしょうか。
・「キャリア教育」を進めるに当たり，特に力を入れることは何でしょうか。

・児童が，自ら生き方を選択していけるための能力や態度を身に付けることです。
・目指す自己像を具体的にイメージできるように継続的に支援していくことです。

キャリア教育とは

　文部科学省は，「キャリア教育は，子ども・若者がキャリアを形成していくために必要な能力や態度の育成を目標とする教育的働きかけである」と説明しています。そして，キャリアの形成にとって重要なのは，「自らの力で生き方を選択していくことができるよう必要な能力や態度を身に付けることにある」と指摘しています。したがって，キャリア教育は，児童生徒一人一人のキャリア発達を支援し，それぞれにふさわしいキャリアを形成していくために必要な能力や態度を育てることを目指すものであり，自分が自分として生きるために，「学び続けたい」，「働き続けたい」と強く願い，それを実現させていく姿がキャリア教育の目指す児童生徒の姿ということになります。

　ですから，我々教師は，キャリア教育を単なる進学指導や職業訓練とだけ捉えていてはいけません。児童生徒自身に自己の良さや個性に気付かせたり，目標の達成に向けて努力する姿を教師が価値付け，努力し続けることのすばらしさを実感させたり，児童生徒に他者と協働する楽しさや喜びを味わわせたりしながら，児童生徒が自分の将来についての夢を抱き，自分の将来を自ら切り拓いていく力を育てていくことを目指します。

キャリアモデルを見付け，目指す自己像をイメージさせる

　児童のキャリア発達を促すためには，「自分がこんな人になりたい」，「こんなことができるようになりたい」という具体的なイメージを持てることが必要です。児童が将来就きたい職業として，「ユーチューバー」が上位に挙がるのも，子ども達にとって活躍する様子ややりたいことを具体的にイメージできるからだと推察されます。

　具体的には，委員会活動や異年齢集団での活動を通して，上級生のようになりたいと憧れを持たせたり，下級生のために働いて，役に立っている自分の姿を実感したりすることが挙げられます。また，将来の自分に手紙を書くといった活動も，将来の自己像を具体的にイメージすることができ，夢の実現に向けて，今できることを考えることができるようになります。学校ボランティアでお世話になっている方々の気持ちを慮ることも，身近にいるキャリアモデルを見付けることになります。

「キャリア・パスポート」を活用する

　文部科学省は，キャリア教育での学びを「キャリア・パスポート」に蓄積して，継続的な支援をしていくことを提案しています。「キャリア・パスポート」に綴るものとして，以下のものが例示されています。

①自分の長所や特技，将来の夢などを記した自己理解シート
②「1学期の振り返り」など，学校生活での自己の成長の様子をまとめたもの
③「運動会の振り返り」など，行事を通して考えたことや成長した様子をまとめたもの
④体験活動や外部講師による講話などを通して，自分の生き方や将来の夢などについて考えたことを記したもの

教育課程にかかわること 13

"小学校外国語・外国語活動" どう進める？

> ・小学校の外国語と，外国語活動で目指すものは何でしょうか。
> ・外国語と外国語活動の充実を図るために，どんなことをすればよいでしょうか。

> ・コミュニケーションの資質・能力を育成するために，４技能５領域の目標を達成することが重要です。
> ・教材や評価を工夫し，地域人材を活用します。

小学校の「外国語」・「外国語活動」で目指すもの

　2020年４月より英語教育改革がスタートしました。小学校３，４年生では「外国語活動」が年間で35時間，小学校５，６年生では「教科化」され，年間で70時間設定されました。さらに，2021年からは，中学校の英語は基本「オールイングリッシュ」で行われることになります。小学校と中学校での英語学習が大きく変わるのです。

　従来の外国語活動では，「聞く」「話す」「読む」「書く」の４技能の評価項目がありましたが，今後は「４技能５領域」が必要だと言われています。

　文部科学省の小学校指導要領では以下のように記載されています。

　中学年の外国語活動では，伝え合う力の素地を「外国語で聞いたり話したりして」と，「聞くこと」，「話すこと［やり取り］」及び「話すこと［発表］」の三つの領域を通して養うこと。

　高学年の外国語科では，「聞くこと」，「読むこと」，「話すこと［やり取り］」，「話すこと［発表］」，「書くこと」の五つの領域を通して養うこと。

学習活動に応じた多様な教材の活用と主体的な学びにつながる評価の工夫

　教務主任は，担当者と連携して，音声教材を含めた学習効果の高いコンテンツを準備したり，デジタル教材を活用した個別学習やタブレットを活用した共同学習を取り入れたりするなど，ICT を効果的に活用した指導過程を考えます。当該学年の教師だけではなく全職員で外国語や外国語活動についての現職研修を行って，どの教師も指導に当たれるようにします。

　また，児童の主体的な学びを促進するために，「コミュニケーションへの関心・意欲・態度」を重視し，評価を工夫します。具体的には，「○○ができるようになった」というよりは，「外国語を用いて○○しようとしている」，「外国語を用いて，○○という活動を楽しんでいる」という評価を積極的に行います。そして，児童の言語や文化への気付きやコミュニケーションへの関心意欲を高め，積極的にコミュニケーションを図ろうとする態度を育て，「聞くこと」や「話すこと」などの技能を身に付けさせていきます。

地域の人材を生かす

　前述の通り，3，4 年生の外国語活動では，「聞く」，「話す」ことが，5，6 年生の外国語の授業では，「聞く」，「話す」，「読む」，「書く」ことが重視されます。また，それらを活用して，実際のコミュニケーションを行う言語活動も重視されます。こうした活動を行うには，外国語（主に英語）を自由に扱える人材が必要となります。5，6 年生では，パフォーマンステストも行うため，なおさらです。現状では，小学校教諭のすべてが英語に堪能であるとは言い難いです。今後は従来の ALT に加えて専科教諭が配置されていきますが，英語が堪能な地域の人材と積極的に連携して授業を行うことも考えていくとよいと思います。本校では，中学校での英語の指導経験のある退職教諭や公民館の「英会話サークル」のメンバー，民間の英会話教室での指導経験のある外国人，英語が堪能な保護者などにボランティアティーチャーとして協力していただいています。

"特別の教科　道徳" どう進める？

・「特別の教科　道徳」が目指すものは何でしょうか。

・「考え，議論する道徳」はどのように進めるとよいのでしょうか。

・読み取り道徳からの脱却を図る道徳の指導過程の改善が求められています。

・考えを広げる発問をしたり，一問一答のやり取りにならないようにしたりします。

「考え，議論する道徳」への転換を目指す

　従来の読み取り道徳からの脱却を図る道徳の指導過程の改善が求められています。「考え，議論する道徳」へと転換するために，次のような視点で指導を工夫することが必要となります。

①「価値理解」，「人間理解」，「他者理解」，「自己を見つめる」をいつも大切にして道徳科の実践をする。

②「○○の気持ちについてどう思う？」と問うなど，「自分とのかかわり（自分だったらどうするか）」について見つめる場を設定する。

③その発問が，何理解を問うものかを考えて，発問を精選し，議論が進むようにする。

④「他の意見は？」と問うのではなく，「それだけかなあ？」と投げかけ，児童の意見を肯定し，多角的・多面的に考えられるようにする。

⑤指導方法が目的にならないようにする。指導方法を通して道徳性の育成を図る。

「他者理解」を深めていくために

　道徳の授業で大事にしていくことは，読み取り道徳から脱却し，「考え，議論する道徳」を目指すことです。そこで，他者理解を深めていけるよう発問や問い返しに力を入れていくことになります。

　そのために，補助発問を用意して児童の意見を広げるようにします。具体的には，「○○さんの意見をどう思いますか？」，「そんな○○さん（主人公）を，あなたはどう思いますか？」，「主人公のような気持ちになったことはありますか？」と尋ねます。

　また，役割演技や動作化の場面では，演じている人だけでなく，見ている人に「○○さん（演技者）はどんな気持ちだったと思いますか？」と問い返しをして，児童とのやり取りが一問一答にならないようにします。

　振り返りの場面では，道徳の授業を通して，児童一人一人が，「何に気付き，どんな思いを持ち，どう変容したのか」などの記録を残すようにします。

「雨のバスていりゅう所で」	光文書院	
2　学習指導過程	（問題解決学習を導入したタイプ）	
	基本発問と予想される児童の反応	指導・援助
導入	◇今日はルールやマナーについて学習します。	・ねらいとする価値へ方向付ける。
展開前段	◇資料提示（範読）をする。 ◇よし子さんについて，惜しいなあと思うところを発表しましょう。 ・バスに乗るときに，みんなは前から乗っているのに，先に並ぼうとした点が惜しい。 ・先頭によし子さんが惜しいと言っていたけど，その行動の何が問題なのでしょう。 ・まだ並んでいるわけではないけれど，他の人たちが軒下で持っているのだから，抜かしてはいけない。 ・雨の中，早く来た人が優先されると思う。 　→ルールやマナーを守れない。 ・他の人がいるのに，自分のことしか考えられないことがいけない。→思いやりがない。 ・そんなよし子さんはどんな気持ちがあったのでしょう。 ・雨で荷物もあるし，とにかく早く座りたい。 ・早く並べば座って楽になれるし，お母さんにもほめられるやと思っていた。 ・みんな並んでないんだから，私が先頭に行ってもいいだろう。 ・早く並ばない人が悪い ◇よし子のどんな判断が間違っていたのでしょう ★ルールやマナーを守れない　→ ・「自分が楽になればいい」と自分のことしか考えない。　→自分勝手な判断 ・雨の中ずっと待っていた人もいて，その人はきっといやな思いをしているだろう。他の人の気持ちは全く考えなかった。→思いやり ・マナーを守らないばかりではなく，座れなかったことをお母さんのせいにし，自分は悪くないと考えている。　→素直 ・守れば気持ちいいことが分からない。 　→気持ちいい	・事前に資料を配付し，主人公や登場人物の関係を把握させておく。 ・よし子さんの行動で，どんなことが惜しいのかを見付け，さらにどんな気持ちや心が問題なのかを考えるよう学習の方向付けをする。 ・感想をもとに，資料で追求する場面を決め，どの児童にもその行動の問題点を把握させるために，主人公の行動のどこに問題があったのかを確かめる。 ・自分との関わりで，「雨にぬれるから早く乗りたい。」「座りたい。」というよし子の気持ちにもある程度共感させ，自分の姿と照らし合わせながら，誰にでも自分のことを優先に考えてしまう弱さがあることに気付かせ，人間理解を図る。 ・道徳的判断力を育てていくために，他人事でなく，自分事として捉えることのできる判断そのものを問う発問を取り入れ，自分の意識としてありがちな状況を押さえる。 ・出された意見を図解して整理し，主人公が気付いたことの根底にある問題の本質を多面的・多角的に理解し，自分とのかかわりを考える。
展開後段	◇ルールやマナーを守ることについて，あなたはどんな気持ちや判断でできない（できる）ことが多いか考えましょう。 ・分団下校の時，高学年のリーダーが前に立って一生懸命呼びかけているのに，自分は一人くらいいいやと思って，いつもしゃべっていた。でも自分がいざ前に立ったり，今日の授業で考えたりして，今思うと，リーダーの子たちの気持ちも考え，悪かったなあと思うし，自分勝手だったなあと改めて思う。	・「どんな時」「どんな気持ち」「どんな判断」でできる（できない）ことが多いという自分自身の意識や傾向を見つめさせる。特に，自分の問題（課題）やよさを見つめることを重視し，これからの生き方の課題やよさを考え，自己の生き方として実現していこうとする思いや願いを深めたい。
終末	・教師の説話をする。	・抽出児童の振り返りを最大限活用し，その成長を認め合える終末にする。

教育課程にかかわること 15
指導要録の作成と管理で気を付けることは？

・指導要録の作成はどのように行うのでしょうか。
・指導要録の管理で配慮することは何でしょうか。

・「学籍に関する記録」は４月中に，「指導に関する記録」は年度末に作成します。
・指導要録の保管と廃棄は，保存期間に配慮し，管理職の立会いのもとに行います。

「学籍に関する記録」は４月中に記入する

　様式１（学籍に関する記録）については，年度当初に記入するよう担任に指示をします。私は春休み中に作業日をとり，全職員が一斉に昨年度までのものを新しい学級ごとに仕分けし，新年度の欄に記入させるようにしています。新入生と転入生の指導要録は新たに作成することになります。「学籍に関する記録」の作成に当たっては，以下の点に留意します。

①現住所と保護者，校長，担任の氏名は今後変更がある場合を踏まえ，各欄の上部に記入する。

②教育委員会から学区内での転居等の学籍に関する変更通知が届いたら，二重線で消して記載を変更し，日付を記入する。

③転入時には，前籍校の指導要録の写しを添える。転出時には，去校，除籍日を記入する。除籍日は転出先の受入日の前日とする。

④外国籍の児童や保護者名については，正しく記載する。アルファベット表記である場合は，アルファベットで記載する。

なお，学級数は5月1日の在籍児童数をもとに決定されますので，4月中の転出入により，学級編成に変更の可能性がある場合は，学級数の確定後に「学籍に関する記録」を記入させるなどの配慮が必要な場合もあります。

「指導に関する記録」は年間の学習や活動を総括して記入する

　様式2（指導に関する記録）については，年度末に1年間の学習や活動を総括して記入します。そこで，年度当初には，担任は学級と整理番号のみ記入しておきます。各教科等の評価については，評価基準を定め，担任間で差が出ないように配慮します。そのために，各学期の通知表を作成する段階から，評価基準に児童の学習状況を照らし合わせてA～Cの評価を積み上げていき，それをもとに評定を決めます。

　総合的な学習や特別の教科道徳，外国語活動，総合所見については文書での記載が必要です。本校では，1学期の通知表に外国語活動の所見，2学期の通知表に特別の教科道徳の所見，3学期の通知表に総合的な学習の所見を記載して保護者に伝えると共に，それらの所見をそのまま指導要録に記載し，担任の負担を軽減するようにしています。

指導要録の保管や廃棄などの管理は管理職の立会いのもと行う

　作成した指導要録は，教務主任，保健主事，教頭，校長の検閲を受けた後，耐火書庫で保管します。卒業生の指導要録は，年度ごとに，様式1と2を分けて保管します。様式1（学籍に関する記録）の保存期間が20年であるのに対し，様式2（指導に関する記録）の保存期間が5年間であるため，廃棄する際のことを考えて，様式1と様式2を分けておくのです。年度末には，廃棄文書を整理する作業日を設けています。学校は5年保管の文書が多いため，これらの文書と併せて，指導要録も廃棄します。管理職立会いのもと，廃棄文書をまとめ，処理業者に委託して機密処理をしてもらいます。また，最近では，指導要録をはじめ様々な文書を電子データで保存していることもあるため，その保管と廃棄については，必ず管理職の立会いのもと行います。

望ましい職員集団を築くためには？

・「チームワーク」がよい職員集団にするには，どんなことに心がけますか。
・望ましい職員集団を築くための教務主任の役割は何でしょうか。

・「チームワークは自分の役割を確実に果たすこと」であることを全職員で確認しましょう。
・グレーゾーンを埋めるのが，教務主任の役割です。

「チームワーク」とは，自分の役割を確実に果たすこと

　「チームワーク」というとすぐに「協力」や「助けあい」を想起しますが，一番大切なことは，「自分の役割を確実に果たす」ことだと考えます。そこで，教職員が自分の役割を果たせるように，次のような働きかけをしています。

①校務分掌一覧表で，担当者を確認する習慣を付ける。
②「その仕事ができる人」ではなく，「担当者」にまず声をかける。
③担当者には荷が重い仕事であるときは，サポートメンバーを募る。

　私は以前，つい近くにいる人を頼ってしまったり，自分の担当ではない仕事を自分の思いだけで勝手に進めてしまったりしたことがありました。そうしたことを繰り返していると，組織がうまく機能しなくなります。担当者が気持ちよく仕事をできなくなったり，人任せになったりすることも予想されます。そうしたことをなくすために，まずは担当者に声をかけ，仕事の段取りを付け，必要に応じてサポートメンバーを配置して，その仕事をやり切ることで，信頼と協力を基盤とした望ましい職員集団が形成されていきます。

グレーゾーンを埋める

　学校の仕事は，校務分掌によって教職員に割り当てられています。しかし，分担はされているけれど，担当者だけでは大変な仕事や，複数の担当者が割り当てられている仕事，担当者が明確でない仕事もあります。こうした仕事は，完遂せずに，中途半端に投げ出されていたり，そもそもその仕事のことを忘れていて，困ったことが起きてから，慌てて誰かが動いたりということになります。教務主任が教頭と連携して，こうしたグレーゾーンを埋める動きをすると，望ましい職員集団が形成されます。「気が付いていなかった仕事をやってもらえてありがたい」という気持ちが生まれるからです。教頭や教務主任が隙間仕事をしている様子を見た職員が手伝ったり，校務員や事務職員などが本来は自分の仕事でなくても，進んでその仕事を買って出てくれたりするようになります。そんなときには，心を込めて「ありがとう」と伝えます。職員同士で感謝の気持ちを伝えあう，気持ちの良い職員集団となります。

余裕のある人が動く

　私が担任をしながら，生徒指導主事を務めていたときの話です。初任者研修の公開授業と，教育委員会の訪問，月末の問題行動等の報告，成績処理が重なり，大変忙しい日々でした。教務主任から，「教育委員会の訪問に向けて，教室の環境整備をしましょう。特に，扇風機の前ガードの埃を払ってください」と指示されました。私は，正直「まいったなあ，他にすることもあるのに…」と思っていました。翌日の放課後，教頭と教務主任が脚立を持って私の教室に来ました。そして，扇風機の掃除をしてくださったのです。お礼を言う私に「今，草野先生は忙しいからね，こういうことは余裕がある人がやればいいんだよ。それに私たちがやっていると，そのついでにみんなも一緒に掃除するから，点検の手間が省けるよ」とおっしゃいました。「余裕がある人が率先して動く」という雰囲気を，教務主任がつくると，職員集団の雰囲気が良くなると痛感しました。

適正な校務分掌にするには？

> ・校務分掌を決定するときに，配慮することはどんなことでしょうか。
> ・校務分掌に不公平感が出ないようにするためには，どうしたらよいでしょうか。

> ・教職員の特技を生かした校務分掌を割り振ります。
> ・複数配置で負担を軽減します。
> ・多忙感を覚えないように，職員の様子に気を配ります。

教職員のやる気を高める校務分掌配置を行う

　本校では，毎年２月下旬に校長から，次年度の校務分掌の希望を聞かれます。その後，校長，教頭と面談して，次年度の校務分掌が決まります。その際，校長からは，自分の得意なことや挑戦したいことを尋ねられます。この面談をもとに，教頭が次年度の校務分掌の素案を作成し，校長が確認した後，運営委員会で検討されます。運営委員会では，参加者それぞれの立場から，提案を検討し，学校全体がうまく回る分掌になっているかを確認します。

　教頭から説明される校務分掌決定の条件は，概ね以下の通りです，

①本人の希望も考慮し，得意なことを生かす校務分掌
②本人のキャリアデザインを考慮した校務分掌
③校長の学校経営方針を具現するために依頼する校務分掌

　３学期の修了式の後，次年度の校務分掌を校長が教職員に伝えます。３月中に引継をしたり，次年度の準備をしたりするためです。新しく赴任する教師の分掌については，次年度も学校に残る教職員で分担して準備をします。

「多忙」と「多忙感」は異なる

　適正な校務分掌を考えるとき，真っ先に話題となるのが，仕事量の多寡です。しかし，男女比や経験年数などの職員構成によって，均等な校務分掌配置をするのは難しいことが多いです。いわゆる「仕事のできる先生」に負担の大きい分掌や学校の中核となる分掌が割り当てられたり，特定の教師に分掌が重なったりして，割り当てる校務分掌に軽重がついてしまうのです。

　こうしたことが不公平感へとつながらないように配慮する必要があります。多くの校務分掌を抱えた教師は，多忙です。しかし，多忙と多忙感は異なると思うのです。多忙であっても，その仕事にやりがいがある場合には，あまり多忙感は覚えなくなりますし，覚えたとしてもそれが不公平感にはつながりにくいと思います。一方，担当している分掌が少なくても，納得できない仕事を担当していると，仕事の進み具合も鈍く，多忙感を覚え，それが，「どうして私ばかりが…」という不公平感へとつながっていくのです。多忙を多忙感へとつなげないのが教務主任から教職員への労いの一言だと思います。

職員の複数配置，機能するペアリングで学校を組織化する

　以前は校務分掌をそれぞれ1人が責任を持って担当していましたが，最近は複数配置をするようにしています。正副の担当者を決め，役割を分担しながら分掌を決めています。最近は初任者の数も増え，3年で異動する教師が増えています。次年度へ校務分掌の引継をするためにも，複数配置にしています。その際，ペアリングには配慮しています。ベテランと若手を組むことはよくありますが，うまく機能することばかりではありません。ベテランの指導や指摘を「良い方法だ」と感じつつも，「自分にはその方法ではできないのではないか」と思い，負担に思う若手教師もいるからです。さらに，仕事上の上下関係が生じ，せっかく複数配置をしているのに，若手だけが仕事をしたり，逆にベテランが仕事を抱え込んだりする場合もあるからです。経験年数だけでなく，教職員の特性にも配慮してペアを決めることが重要です。

連絡ミスをなくすためには？

・連絡ミスをなくすためには，どうすればよいのでしょうか。
・電話での連絡ミスをなくすには，どうすればよいでしょうか。

・全職員がメモを取る習慣を身に付ける必要があります。普段の打ち合わせからメモを取りましょう。
・電話の前に「伝言メモ用紙」を準備しましょう。

メモを取る習慣をつくる

　教職員にメモを取る習慣を身に付けるように指導しています。パソコンやスマートフォンでスケジュール管理をすることが多くなったせいか，手書きでメモをする習慣のない教職員もいます。児童生徒の前でスマートフォンを操作することはできませんから，メモを取ることが必要になります。私が，メモをするように指示をするのは，大きく次の場合です。

①毎週の終礼（職員打ち合わせ）等での連絡事項
②始業式，終業式の校長の話や全校集会，児童集会での話の内容
③電話や来訪者があった時刻と相手の氏名，用件

　教師は毎時間の授業の計画，反省を記入する教育経営簿を使用しています。かつては生徒指導にかかわる情報なども書き込んでいましたが，個人情報保護の観点から最近はこうした情報を書くことはありません。そこで，この教育経営簿を備忘録として活用することを勧めています。打ち合わせ事項などをメモしておけば，児童に伝達することを忘れたということはなくなります。

電話の前には「伝言メモ用紙」を置く

　電話や来訪者からの伝達事項は必ず文書で行うようにします。とりわけ，電話で聞いたことは，その場でメモをしないと，聞いた内容を，電話を受けた教師が忘れてしまったり，口頭での報告だけだと，報告を受けた教師が取り違えたり，再確認しようとしてもできなかったりすることがあります。

　そこで電話の前には，電話連絡メモを用意しておきます。本校では，通常の電話メモに加え，児童の欠席や遅刻早退の連絡用のメモ用紙も準備しています。チェック欄や○を付けるだけの様式にしておくと，手早くメモを取ることができます。

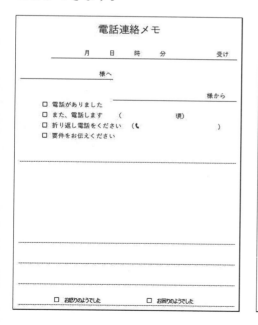

電話連絡メモ

　　　　　月　　日　　時　　分　　　　　受け

　　　　　　　　様へ

　　　　　　　　　　　　　　　　　様から

□　電話がありました
□　また，電話します　（　　　　　　頃）
□　折り返し電話をください　（☎　　　　　　）
□　要件をお伝えください

□　お怒りのようでした　　　　□　お困りのようでした

電話連絡記録（児童の欠席等の連絡）
　　　　　　　　　　　（　　　　　　　）受付
　　　　　　　月　　日（　）　　時　　分
　　　年　　組　児童氏名
＜電話発信者＞
　　　父　母　祖父　祖母　兄　姉
　　　本人　その他（　　　　　　　　）
＜新型コロナ対応＞
　　□　咳　　　□　かぜ症状　　　□　味やにおいが
　　□　強いだるさ　　□　息苦しさ　　　しない
＜欠席理由＞
　　発熱　（　　　　　　）℃
　　☆　そのほかの症状を具体的に聞く
　　　　（　咳　・　喉痛　・　鼻水　・　鼻づまり　）
　　※　症状が出た日　　　　月　　日（　　）
　　※　受信医療機関名

　　風邪………症状を具体的に聞く
　　　　（　　　　　　　　　　　　　　　　　）
　　頭痛　・　腹痛　・　下痢　・　体がだるい
　　嘔吐　・　吐き気　・　気持ちが悪い
　　心理的（　　　　　　　　　　　　　）
＜忌引き＞　（　　　　　　　　　　　　　）
＜出席停止＞　（　　　　　　　　　　　　）
＜遅刻・病院へ行く（　病気　・　けが　）
　　医療機関名（　　　　　　　　　　　）
　　・体調が悪い（　　　　　　　　　　）
　　・その他（　　　　　　　　　　　　）
＜早退・理由（　　　　　　　　　　　　）
　　・時刻　　　時　　　分
　　・引き渡し先
　　・その後の確認
　　　　無事帰宅　　時　　分　電話がありました
　　　　学校から連絡　　時　　分
　　　　健康状態（　　　　　　　　　）
〜MEMO〜

職員会議の議題をどう考える？

・職員会議の内容を決める際，どのような手順で，どんなことに留意するとよいでしょうか。

・毎年決まっている議題は，前年度末に「教育計画書」にまとめておきます。
・毎月の議題は，指導部長会で，行事については行事企画委員会で検討します。

毎年決まっている議題は「教育計画書」にまとめる

職員会議の話題の中には，毎年確認するものや定期的に確認するもの，行事などの基本方針など年度当初に決まっているものがあります。こうした提案文書については，年度末に次年度提案文書を作成し，「教育計画書」としてファイルしておきます。そして，「教育計画書」と月毎の提案文書をもとに職員会議を行います。

「教育計画書」には，次のようなものを綴っておきます。

①県市町の指導方針，週時程，年間計画等，管理運営にかかわるもの
②各種全体計画や補助教材等購入審査会規約などのマニュアル
③各指導部の指導方針や行事などの基本計画

指導部長会で校長の経営ビジョンと職員会議の議題を確認する

　本校では，指導部長会，指導部会（学習主導・生活指導・健康安全指導）での提案内容の検討を経て，職員会議を行っています。指導部長会の前に，必要に応じて，校長，教頭，教務主任で企画会を行う場合もあります。

　指導部長会には，企画会のメンバーに加えて，各指導部長と事務職員が参加します。そこで，校長が翌月の経営ビジョンを示し，それをもとに職員会議の議題を確認します。教務主任は，右のようなレジメを用意し，議題と指導部会での検討事項，職員会議での持ち時間を確認します。指導部会での検討事項は文書起案して事前に確認します。

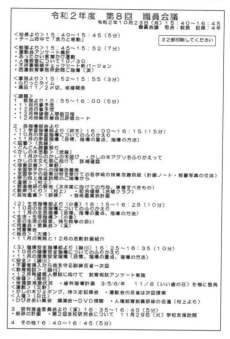

行事は行事運営委員会で別に審議

　運動会や文化祭などの行事についての提案は，通常の指導部会とは別に「行事企画委員会」を開催して基本方針を決めます。新たな会議を増やすのではなく，指導部長会の中に組み込みます。行事についての基本方針案を作成する段階で，担当の校務分掌の教師を加えるのです。例えば，「運動会企画委員会」であれば，指導部長会のメンバーに，体育主任，特別活動主任，特別支援教育コーディネーターを加えて，基本方針を確認するのです。「教育計画書」に昨年度の反省と改善点が示されていますので，それをもとに今年度の基本方針を決めるのです。その後，指導部会，職員会議を経て，「運動会実施計画」が決定されていきます。

組織運営にかかわること5

職員会議をスムーズに進めるコツは？

・職員会議をスムーズに進めるためのポイントを教えてください。

・職員会議の資料は事前に配付し、下読みして会議を行います。
・終了時刻を予告し、司会は教務主任が行い、タイムマネジメントに努めます。

職員会議の資料は2日前に渡す

　ペーパーレスでの会議やオンラインの会議が多くなってきていますが、本校では、校長の指示で紙の文書提案をもとにした職員会議を行っています。本校が文書提案を継続する理由としては、次のような利点があるからです。

①パソコンの画面を見ながらの会議に比べ、印刷された提案文書に直接書き込みをしながら確認ができるので、確認ミスが少ない。
②必要に応じて、その場で提案文書を教育経営簿に貼り付け、指導に生かすことができる。

　ペーパーレスでもオンラインでも文書による会議でも、大切なことは提案文書を先読みしておくことです。そこで、教務主任が各部会の提案文書を集めて帳合し、2日前には渡すようにしています。

　今後は校務支援システムを活用して、提案文書をまとめ、ペーパーレスでの会議を行うようになることも考えられます。その際も、提案文書をまとめ、事前配付ができるようにしておくことが大切だと思います。

審議事項と確認事項を分け，職員会議の終了時刻を設定する

　職員会議が長くなる要因の一つに，確認事項を延々と説明することが挙げられます。本校では，議題に入る前に確認事項を伝える時間を設けています。読めば分かることは，極力説明を省き，提案文書にアンダーラインを引いたり，フォントで強調したりして分かりやすくしておきます。提出期限があるものなどは，大切なところだけを口頭で補足します。また，職員会議とは別に，毎週木曜日には終礼を行っていますので，連絡事項は終礼で伝えるようにしています。

　また，1つの議題に時間をかけすぎてしまうことも職員会議が長くなる要因の一つです。そこで，職員会議の議題の横に終了目安時刻を記入するようにしています。予め職員会議の時間を1時間以内と決め，その時間を議題の重要度や審議内容に応じて時間配分をします。提案文書は事前配付してあるので，審議内容を限定して会議を行うことができます。提案内容に不備があったり，再度検討する事項が生じたりした場合は，そのまま延長して議論するのではなく，再提案するようにしています。

司会者は固定し，提案順は固定しない

　多くの学校では，職員会議の司会や記録係を輪番にしていることが多いと思います。本校では，司会は教務主任に固定し，記録係を輪番にしています。教務主任は企画会，指導部長会の段階から職員会議の議題についてかかわることが多いため，提案内容やそれに対する管理職の意向を十分理解しています。そこで，教務主任が司会を務めることにより，効率よく議事進行を行えると考えるからです。提案順については，いつも同じ順番の学校が多いと思いますが，本校では，その月の重要度が高い議案や時間のかかりそうな議案を優先的に審議するようにしています。こうすることで，限られた時間を有効に使って職員会議を行うことができます。

職員から相談を持ちかけられる
ようになるためには？

・相談をためらう教職員には，どんな言葉かけをするとよいのでしょうか。
・相談を持ちかけられたときに，どんなことに配慮すればよいのでしょうか。

・「大丈夫です」と即答する人ほど，大丈夫ではない案件を抱えていると判断して相談に乗るようにします。
・同意と助言のどちらを求めているのかを見定めます。

「大丈夫です」は「大丈夫じゃない」

　教務主任になると，先生方の様子に気を配り，言葉かけをすることが多くなります。とりわけ，若手教師の指導力向上にかかわることは教務主任が中心となって進めることが多いため，若手教師に声をかけることも多くなります。悩み事や困り事を抱えていても，すぐに相談を持ちかけられる人ばかりではありません。「自分で何とかしよう」「迷惑をかけてはいけない」と思い，抱え込む人もいるのです。私は生徒指導や教科指導等で，「指導に行き詰まっているな」「困っているな」と見て取れる若手教師がいたとき，「大丈夫かい？」と声をかけるようにしています。即座に「大丈夫です」と返ってくる人ほど大丈夫ではありません。本当に大丈夫なら，「先生，何のことですか？」と返すのが自然です。突然，「大丈夫か？」と尋ねられても，何のことだか訳が分からないからです。「大丈夫です」と即答する裏には，大丈夫ではない案件を抱えているか，その案件について解決のめどが立っているかのいずれかだと思うのです。そこで「何が大丈夫なの？」と問い返します。ここで若手教師は，「この人は自分のことを心配してくれている，助けようとしてくれている」と実感します。そこから，具体的な相談に発展することが多いのです。

相談には「2種類の相談」がある

　一口に相談と言っても，大きく2つの場合に分類できると思います。

> ① 「同意が欲しい」場合に相談を持ちかける。
> ② 「助言が欲しい」場合に相談を持ちかける。

　教師としての経験を重ねると，児童生徒への指導場面で，「こうしたい」という願いや「こんな方法はどうだろうか」という方策が思い浮かぶようになります。と同時に「本当にこれをしてよいのか，この方法で大丈夫か」と不安になることもあります。そんなときに「同意」を求めてきます。この場合，私はじっくり話を聞くように心がけています。「どうしてそう考えたのか」，「どの児童をイメージして考えているのか」，「どんな言葉を使って伝えるのか」などを問いかけながら，取り組みたいことをより明確にしていきます。「その方法いいね，私も取り入れてもいいかな？」と認めながら，実際に児童を前にした指導場面を想定して，具体的なシミュレーションを行います。
　一方，経験が浅く指導の手立てが思い浮かばなかったり，自分の指導に自信が持てなかったりする場合には，助言を求めてくることが多いです。この場合も，「何に困っているのか」，「何を知りたいのか」を丁寧に聞き取ります。見通しが持てなくて，何からやればよいのか分からなくなっている教師もいますので，そうした場合は「To Do リスト」を作成して，困っていることや知りたいことを明らかにすることから始めます。助言を求めているわけですから，ストレートに私が考える答えを伝えます。しかし，その方法が相談を持ちかけた教師のキャラクターにあわなかったり，スキルがなかったりして十分に実践できない場合もあります。ですから，答えは1つではなく，複数用意します。そして，「あなたなら，どの方法が良いと思いますか」と尋ねます。そして，選んだ方法について，具体的な指導法を一緒に考えて，シミュレーションをします。

担任の抱え込みをなくすためには？

> ・どんなときに担任は抱え込んでしまうのでしょうか。
> ・若手教師の「抱え込み」をなくすためには，どんなことに配慮すればよいのでしょうか。

> ・「自信」と「不安」が担任の「抱え込み」を生む。
> ・若手教師には，「問題発掘能力」があると価値付け，「一人前」に扱うことで「抱え込み」をなくす。

担任が抱え込むには理由がある

担任が抱え込んでしまう場合には，大きく２つの場合があります。

> ①自分の指導に自信があり，自分の思い通りに指導したい場合。
> ②自分の指導に自信がなく，周りから非難されているのではないかと不安になり，相談できない場合。

　①の場合は，ベテラン教師に多く見られます。そんなときには，「先生の指導法を是非他の教師に伝えてください」とお願いしています。

　②の場合は，若手教師など経験の浅い教師に多く見られます。こうした場合には，「悩んでいるのは自分だけじゃない」ということに気付かせ，相談しやすい環境を整えるように配慮しています。

若手教師には「問題発掘能力」がある

　若手教師の中には，保護者から問い合わせがきたり，苦言をいただいたりすると，「自分に指導力がないためではないか」と錯覚することがあります。

こうした思いが「抱え込み」につながることもあります。こうした悩みを抱えている若手教師には，「あなたのことを信頼していなかったら問い合わせなどしないよ。一生懸命対応してくれると思うから，言ってくるのだよ」と伝えています。さらに，「保護者は何か聞いてもらいたい場合は，言いやすい相手を選んで話をするものだよ。若い先生には，不満に思ったことや確認したいことを伝えてくれる。実はこれは，あなたにだけ言っていることではなくて，学校全体で改善して欲しいことであることも多い。だから，あなたが保護者の声を吸い上げて，相談してくれたことで，全校で改善策を考えることができる」と伝えます。若手教師には，これを「問題発掘能力」だと伝え，保護者からの要望やクレームをたくさん集めてくれる教師に感謝の言葉をかけています。若手教師も安心して保護者と対応できるようになり，「抱え込み」もなくなります。

保護者の前で，若手教師を「一人前」に扱う

　私は保護者と話をするときに，「若手教師を保護者の前で一人前として扱う」ようにしています。ベテラン教師が保護者と話をしている中で，「ベテランの先生だと安心できます。若い先生だと授業も分かりにくいと子どもも言いますし…」などと言うのを聞くと，自分が認められていると思い，相槌を打ったり，若手教師の指導力不足を認めてしまうような発言をしてしまったりすることがあります。こうした言動は，保護者に若手教師への不信感を植え付けることにもなりかねません。ですから，保護者に若手教師のフットワークの軽さや児童への情熱などの良さを積極的に伝えながら，「若い先生のことを子どもたちが喜んでいる」ということを伝えたり，「何か困ったことがあると，すぐに相談をしてくれるので，一緒に対応策を考えています」と話したりしています。こうすることで，保護者対応をしている事案については，若手教師が独断で対応しているのではなく，学年主任や管理職などの指導のもとに対応しているということを保護者に示すことになりますし，若手教師の方から相談を持ちかけてくることも増えて，「抱え込み」がなくなります。

建設的な意見を集められる
ようにするためには？

> ・先生方から，建設的な意見を集めるには，どのようなことに気を配るとよいでしょうか。

> ・聞き上手になるためには，「相手を肯定する」ことから始めます。
> ・少数意見にも耳を傾けつつ，決まったことを確実にやり通すようにします。

まずは肯定する

　教務主任になると，多くの先生方から相談を持ちかけられます。また，教務主任の方から先生方の知恵を借りることもあります。普段から，先生方の相談に親身になって対応したり，特定の人からだけでなく，広く意見を集約したりすると，建設的な意見が集めやすくなります。その際，私は次のようなことに心がけています。

①先生方の意見を肯定的に受け止める。
②多数決での決定を原則とするが，小数意見にも耳を傾ける。
③みんなで決めたことは，確実にやり通す。

　人は相談を持ちかける際，自分の意見を取り入れて欲しい，自分の納得できる答えが欲しいと考えているはずです。ですから，自分の意見を頭ごなしに否定されてしまうと，たとえその指摘が的を射ていたとしても，心情的に受け入れにくいときがあるのです。ですから，まず，相談や意見を届けてくれたことに感謝し，相手の話を聞き，まずは肯定的に受け止めるのがよいと

思うのです。「なるほど」という相槌や「その考え，いいですね」という肯定的な返事を返すと相手も心を開いて，より良い考えを導き出そうとします。相談者の意図に反する決定をしなければいけない場合は，その場で判断するのではなく，時間をおいて伝えるようにしています。

少数意見に耳を傾ける

　組織で対応する際には，物事は多数決で決まりがちです。民主主義のルールからも，それが妥当だと思います。決定は多数決ですが，採決に至るまでに少数意見にも耳を傾けるようにします。少数意見を部分的に取り入れた修正案を考えたり，決定した意見の他にも別の意見があったことを職員に伝えたりすることで，さらに良い解決策を見付けることもできるのです。

　少数意見をみんなで確認する場を設けると，たとえその意見が通らなくても「自分が受け入れてもらえた」，「チームの一員だと感じた」と思えるので，教職員の同僚性が高まります。「一緒にがんばろう」という気持ちが高まるのです。また，普段から少数意見にも耳を傾けていると，個人的に情報を届けてくれる教職員が増えてきます。「○○について全職員で話し合って欲しい」という要望も届くようになり，自分勝手に行動する教職員が少なくなります。

みんなで決めたことは確実にやり通す

　物事を決めることも大切ですが，それ以上に大切なことは「決まったことをやり通す」ことです。多数決で物事を決めたり，管理職からの提案で方針が決まったりする場合には，教職員の中には，積極的に取り組もうと思えない人がいる場合もあります。そうしたときにも，「異論がある人がいるかもしれないけれど，まずは決まったことをやってみましょう」と促すことが大切です。取り組むこともせずに，「私はもともとこの案には反対だった」ということがないようにします。そして，みんなで取り組んだ後，反省をし，どうするとさらに良くなるかを考えます。実際にみんなで取り組んだからこそ気付くことができる改善点もあるのです。

いじめの早期発見・早期対応が できる組織にするには？

・いじめを生まない集団をつくるにはどんなことに心がけるとよいでしょうか。
・いじめの早期発見・早期対応のために，どんなことをするとよいでしょうか。

・「かもしれない行動」と「ぽかぽか言葉」でいじめを生まない集団づくりをします。
・アンケートを有効活用して情報を収集し，フロー図をもとに，組織対応をします。

「かもしれない行動」と「ぽかぽか言葉」でいじめを生まない集団をつくる

　本校の生徒指導の重点の一つに「かもしれない行動」があります。児童も教師も「○○すると□□になるかもしれない」と考えて行動するのです。例えば，「廊下を走ると，曲がり角でぶつかってけがをするかもしれない。だから，廊下は静かに歩こう」といった具合です。こうした思考と行動を重ねてくると，「こんなことを言ったら，友達は嫌な気持ちになるかもしれない」と考えて，相手を思いやり，協力しようとする児童が増えてきます。また，友達からこんな言葉を言われると「嬉しいな」「安心するな」と思う言葉を「ぽかぽか言葉」と呼び，こうした言葉をたくさん使うように指導しています。具体的には，「ありがとう」「一緒にやろう」といった言葉が挙げられます。児童は自分が言われて嬉しい言葉は友達にも進んで使うようになります。「そんな風に言われると嬉しくなるね」と教師が児童の気持ちを代弁するとさらにこうした言葉が学級内に広がっていきます。「かもしれない行動」で危機回避能力を育て，「ぽかぽか言葉」で学級内の温かい雰囲気を醸成することを通して，いじめを生まない集団をつくっていきます。すると，児童から，「その言動はいじめではないか」という声が上がるようになります。

教育アンケートを活用して早期発見し，フローチャートで早期対応する

　どの学校も児童へのアンケートを通して，いじめの早期発見に努めていることと思います。以下のように，アンケートの質問項目を工夫したり，アンケート記入時の児童の様子に気を配ったりするように指示をしています。

①書き換えや無記入，消し跡など，逡巡した跡はないか。
②極端に早く書き終えたり，提出をためらったりする仕草はないか。
③「周りの子で困っている人を見たことはありませんか」というように自分のこと以外のいじめについても尋ねる質問項目を用意する。

「いじめ対応フロー図」を示し，全職員でいじめ対応に当たる

　いじめに対しては，組織対応が不可欠です。担任がせっかくいじめの予兆に気付いたり，アンケートなどを通して情報を得たりしていても，対応が滞ってしまうと重大事案になりかねません。

　また，いじめ事案の解決には，管理職への素早い報告と教育委員会への第一報，関係諸機関との連携が必要になります。こうした報告，連携の流れも全職員が知っていると，いじめの解決がスムーズに進むことが多いのです。

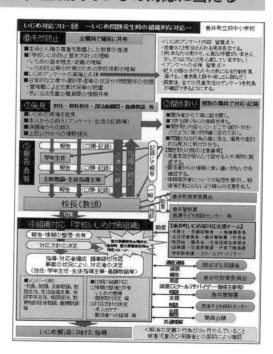

学校の休校にどう対応する？

> ・学校が休校となるのは，どんな場合ですか。
> ・休校に際し，配慮することは何でしょうか。

> ・自然災害や感染症等で児童生徒の健康安全が保証できないときです。
> ・保護者との連絡体制を整えます。教育課程の進捗状況を確認します。

学校が休校になるとき

　新型コロナウイルスの蔓延により，急遽学校が休校になりました。こうした一斉休校は経験したことがなく，戸惑うことが多々ありました。その一方で，学校が休校となったときに備えて，準備しておくことも明らかになりました。一般的に，学校が休校になる場合は，次のようなときです。

---

①台風などの自然災害により，児童生徒の安全な登下校や学習活動が保証できないとき（一般的には警報発令時）

②インフルエンザなどの感染症罹患者が多く，児童生徒の健康を確保する必要があるとき

---

　①の場合は各市町の管理規則で，休校になる基準が定められています。警報の種類によって休校するかどうかを決めている自治体もあれば，警報発令時にはすべて休校としている自治体もあります。②の場合は，学校医と相談の上，休校措置を決定します。また，今回の新型コロナウイルスのように，政府から休校の要請があった場合は，その指示に従うことになります。

緊急時の保護者への連絡体制を整える

　学校が休校になった際に，どのように保護者と連絡を取るか，児童生徒の保護者への引き渡しはどんな手順で行うか等を予め保護者に伝えておく必要があります。

　本校では，自然災害による警報発令時の休校対応については，PTA総会で文書を配付すると共に，ホームページでいつでも確認できるようにしています。さらに，緊急連絡メールを使って，警報が発令されそうなときは，その対応について，事前に保護者に連絡するようにしています。

　また，児童生徒が学校にいるときに警報が発令されて帰宅しなければいけなくなる場合を想定して，児童生徒の引き渡し訓練も行っています。校区の小中学校が連携して，同一日に訓練を行い，兄弟姉妹がある場合の引き渡しについても確認するようにしています。

教育課程の進捗状況を確認する

　休校によって教育課程の実施に遅れがないかを確認します。時数集計カレンダーを使って，各学級の授業時数を確認し，極端に不足している教科があれば時間割を振り替えます。また，台風等で水害が発生し，浸水した場合は，教科書が再給付となりますので，その手続きをしなければなりません。

不祥事を起こさない学校にするには？

・不祥事を起こさない学校とは，どんな学校ですか。
・不祥事根絶のために，どんなことに取り組むとよいでしょうか。

・不祥事は児童への裏切り行為であり，許されないことを肝に銘じます。
・自他の言動を振り返り，不祥事につながる言動はないかを確認しあいます。

不祥事は学校最大の危機であり，児童・保護者への裏切り行為である

　飲酒・淫行・公金横領・体罰・個人情報の漏洩に代表される不祥事は，学校最大の危機となります。今まで培われてきた信頼は一気に崩壊し，児童の心身を傷つけ，その回復には，多大な時間と労力を要するからです。

　不祥事根絶にかかわって，「コンプライアンス」という言葉が聞かれます。「法令遵守」と訳されることもありますが，私は「コンプライアンスとは，単に法令に従えばよいのではなく，児童や教職員，そして地域のためにできることを考え，積極的に取り組むことだ」と話しています。不祥事根絶にかかわっても，「○○してはいけない」と否定的な呼びかけをするばかりではなく，「○○を積極的に行っていこう」と呼びかけたいからです。良い行いを積極的にできる職場や児童や同僚，地域のためになることを一生懸命行う教職員に不祥事は起こりえないと考えるからです。

毎月の重点項目を決めて振り返る

　本校の職員室には，不祥事根絶に向けて取り組むための重点項目が掲示されています。成績処理をする学期末には，「特に個人情報の管理を徹底しよ

う」であるとか，年末年始など飲酒する機会が増える時期には，「飲酒運転をしない，許さない」を合言葉にして取り組むといった具合です。

　大切なことは，「不祥事を許さない」ということを，教職員同士で声をかけあえる雰囲気をつくるということです。不祥事につながるかもしれない行為を指摘しあえる関係が大切なのです。

チェックシートの活用

　重点項目を掲示して，不祥事根絶への意識を高めるとともに，不祥事につながる言動がないかを確認することも大切になります。そこで，職員会議の際に，「不祥事根絶チェックシート」を使って，自分の言動を振り返る場を設けています。不祥事の新聞記事や具体的な事例を紹介したりして，一度不祥事を起こせば，自分や学校がどのような責任を負わなければいけないかを具体的にイメージできるようにしています。

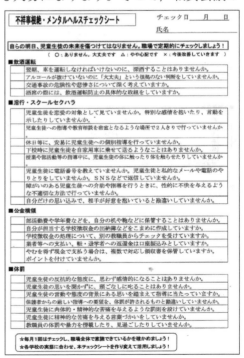

　また，自分の行動を抑止できるアイテムを身近な場所に置くように呼びかけています。私は車の中に，家族の写真を置くようにしています。急いでいるときも，家族の写真を見て，交通事故防止のため，安全運転に心がけるよう自分に言い聞かせています。

個人情報の管理をどう徹底する？

> ・個人情報の管理を徹底するには，どうしたらよいでしょうか。
> ・個人情報を持ち出さなければいけないときには，どんなことに留意しますか。

> ・個人情報の取り扱いのガイドラインを示し，保護者に使用の承諾を得ます。
> ・持ち出し簿に記載し，管理職の決済を受けてから持ち出します。自宅へ直帰します。

個人情報取り扱いのガイドラインを示し，保護者に承諾を得る

「個人情報とは何ですか？」と尋ねられたら，どのように答えるでしょうか。個人情報保護法では，「個人情報」を，「（1）生存する個人に関する情報で，（2）特定の個人を識別できるもの」と定義しています。「氏名・生年月日」などが紐付いた情報や，「顔写真」も個人情報に該当します。デジタルデータに限定されるものではなく，紙媒体の帳簿も該当します。こうしてみると学校にはとても多くの個人情報であふれていることが分かります。授業で使うノートやテストなどにも記名させますから，「氏名」と紐付いた情報です。学校便りやホームページなどに，児童生徒顔写真を掲載する際にも配慮が必要になります。情報を使用するごとに，児童生徒本人や保護者の承諾を得るのは大変ですから，4月当初に保護者に個人情報の掲載等承諾書を書いてもらいます。

どうしても個人情報を持ち出さないといけないときには…

「個人情報は学校から持ち出さない」ことを原則にしています。しかし，学期末には，「成績処理等のために個人情報を家庭へ持ち帰って仕事をしたい」と申し出がある場合があります。そうしたときは，個人情報持ち出し規則に則り，管理職の承諾を得て，持ち帰るようにしています。持ち出し規則には，以下のことを定めています。

①個人情報持ち出し簿に，持ち出す日，持ち出す個人情報，氏名，使用目的，返却予定日（原則翌日）を記載し，管理職の決済を受ける。
②デジタルデータは持ち出し専用の USB メモリで持ち出し，翌朝，データを消去して管理職に返却する。管理職は，データが消去されていることを確認した上で，個人情報持ち出し簿に返却のチェックをする。
③個人情報を持ち出す場合は，自宅へ直帰する。

職員室の机を離れるときは

危機管理意識は普段の生活から高めていかないといけません。

個人情報の管理という視点では，次の2点を徹底することを通して，日頃から職員の危機管理意識を高めています。

①職員室の自席から，離れるときは，パソコンのモニターをオフにする。ノートパソコンは画面を閉じる。
②作成した文書には，パスワードをかけて保存する。共有する文書については，共有パスワードを設定しておく。

「チームとしての学校」を
進めるためには？

・「チームとしての学校」とは，どのような考え方ですか。
・「チームとしての学校」で対応するために，誰と連携をしたらよいでしょうか。

・学校課題や教師の多忙解消のために，保護者や地域の方々，専門家と連携して学校運営を行う体制です。
・学校課題については，専門家と積極的に連携します。

誰と連携するか

　「チームとしての学校」とは，「いじめや不登校，特別支援教育，貧困など子どもや家庭の多様な課題や，教員の多忙化への対応のために，これまで教員が中心となって担ってきた仕事を，専門スタッフや事務職員らと連携・分担して対応する体制で行っていく」という考え方です。

　主な連携先としては，次のようなものが考えられます。

①ボランティアティーチャー，地域の商店，郵便局や公民館などの公共施設といった児童の学習で連携する地域の人や場所
②児童生徒の保護者や地域の方々
③校区の保育園や幼稚園，中学校や高等学校などの教育機関
④警察や児童相談所などの専門期間や，弁護士，ソーシャルワーカー，臨床心理などの専門家

　この中で，一番の協力者となるのが，児童の保護者や地域の方々です。教師だけでは指導が不十分な行事での見守りや環境整備などは，まず，保護者

や地域の方々に協力を求めます。本校では，学校内の環境整備は「親父の会」のお父さん方が，定期的に行っていただけます。いじめの解決なども，いきなり専門家を交えて解決を図るよりは，保護者やPTAの協力を得て解決を図る方が，その後の対応もうまくいくことが多いのです。

専門機関との連携が学校を助ける

いじめや不登校，特別支援教育や福祉分野などの諸問題に対して，学校の教師だけで対応するには，十分な解決法が導けないことがあります。こうした場合にこそ，専門的な知識や対応に長けた「専門家」の方の協力を仰ぐのです。

本校では，いじめアンケートの作成と保管法に関しては，弁護士の助言をいただいています。不登校や希死念慮のある児童に対応するときには，スクールカウンセラーや精神科医に助言を求めています。スクールカウンセラーは常勤ではありませんので，緊急時には

派遣をお願いすると共に，巡回相談時には「スクールカウンセラー便り」を発行していただき，児童と保護者への啓発活動をしていただいています。特別支援教育については，特別支援学校の地域連携教員の巡回指導を活用しています。専門的な知識を持つ教師を交えて，ケース会議を行うことを通して，有効な支援方法を考えることができます。貧困によって学費の納入が遅れがちな家庭への支援については，スクールソーシャルワーカーの力を借りています。教育委員会に申請すると，支援を受けることができます。

学校評価を学校改善につなげるには？

<table>
<tr>
<td>

・学校評価と教育課程の編成はいつから始めますか。
・学校評価を学校改善につなげるために，どんな手立てを用意するとよいでしょうか。

</td>
<td>

・11月から学校評価をはじめ，反省をもとに次年度の指導の重点と方針を決めます。
・各指導部の基本方針を決定し，指導細案を立てます。

</td>
</tr>
</table>

いつから，どんな手順で進めるのか

　昨年度の学校評価をまとめたものは，「教育計画書」に綴じておき，常日頃から確認できるようにしておきます。また，年度の途中でも学校運営について改善点を思いついたときにすぐに書き込めるように，学校評価（反省）の記入用紙も「教育計画書」に綴じておきます。実際に学校評価を行い，次年度の教育課程の編成に入るのは，11月になりますが，改善点を常に見付けながら，必要に応じて年度途中でも見直す学校体制を築くと，活力ある学校や職員集団になっていきます。学校評価をもとにした，教育課程の編成手順は次のようになります。

11月　今年度の指導の方針と重点に照らし，学校評価を行う。

12月　学校評価をもとに次年度の方針と重点を決定する。
　　　次年度の行事予定の策定を始める。

1月　年間行事予定を決定する。各指導部の基本方針を作成する。

2月　各種全体計画及び各校務分掌の提案資料を作成する。

学校評価を次年度に生かす

　学校評価を次年度の教育課程の編成に生かすために，まずは基本方針を立案します。校長の経営ビジョンをもとに，児童や地域の実態，学校の特色などを生かして，どんなことに力を入れて指導していくかを指導部毎に基本方針にまとめるのです。

　修正，改善した箇所は太字で示すなど分かりやすくします。改善点を踏まえて，各担当者が提案文書を作成します。

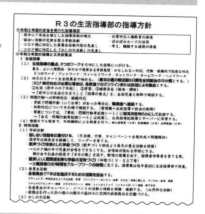

校長の学校経営ビジョンを具体化するための具体案を示す

　教務主任は校長の学校経営ビジョンを具体化するための推進役としての役割が期待されます。そこで，各指導部の基本方針をもとに，学校づくりの基本方針を1枚にまとめたシートを作るようにしています。これをもとに，各指導部での指導細案を作成し，「教育計画書」に綴ります。

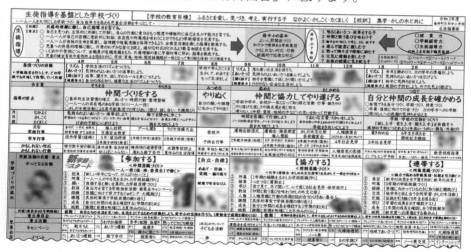

次年度の校務分掌の引継はどうする？

・次年度の引継をする際に，心がけることは何でしょうか。
・引継のために，どんなものを用意するとよいでしょうか。

・教師の転出入や校務分掌の入れ替えがあることを踏まえて準備をします。
・引継書を作成して，業務が一覧で分かるようにします。

教師の転出入，校務分掌の入れ替えがあることを踏まえる

　4月には教師の転出入があり，メンバーが入れ替わります。また，前年度からの在籍者が，引き続き同じ校務分掌を担当するとは限りません。そこで，担当者が代わっても，確実に仕事内容を引き継げるようにしておくことが大切です。また，次年度も同じ校務分掌を担当するから，引継をしなくてもよいというわけではありません。今年度の成果と課題を明らかにして，改善点をまとめておきます。その先生が担当している仕事内容を，担当者以外の先生方にも知ってもらえるからです。校務分掌ではありませんが，次年度も同じ学年を担当することになったとき，次年度も同じ教室を使うのだからと，教室の環境整備をしない教師がいることがあります。同じ校務分掌や学年を担当することになっても，年度ごとにリセットするようにします。

　引継に当たり，次の点に留意します。

①引継書を作成し，デジタルデータと紙の文書で引継を行う。
②廃棄文書は前任者が確実に廃棄する。

「引継書」を作成する

　担当する業務が一覧になったものがあると，仕事をする上で便利です。そこで，業務一覧を示した「引継書」を作成しています。

　引継書に記載する内容は次の通りです。

①主な日常業務

②主な定期的（月毎）業務

③主な行事的業務

④その他の業務（対外的業務など）

⑤デジタルデータの保管場所

保管書類と廃棄書類を分けて引継をする

　引継で大切なことは，引継に必要な保管書類と廃棄文書を分けて引き継ぐということです。校務分掌の文書ファイルを見ると，10年以上前の文書がそのまま残っていたり，今は使われていないマニュアルなどが綴られていたりすることがあります。年度末の引継にあわせて，不必要な文書やデータを整理することも大切な仕事です。「いつか使う」は「きっと使わない」のです。

　その際，注意することがあります。保管が義務付けられている文書があるからです。会計にかかわる文書や教育相談アンケート，その他校務分掌にかかわる公文書は5年間保管が原則です。こうした文書は，年度ごとに段ボール箱などの保管箱に入れて整理しておき，廃棄年度が来たら，事務職員と管理職の立ち会いのもとで廃棄します。

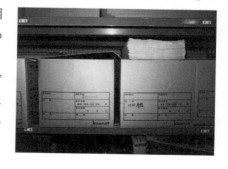

校内研修を活性化させるには？

> ・校内研修を活性化させるにはどんな工夫をするとよいでしょうか。
> ・若手教師が生きる研修会とはどんなものでしょうか。

> ・ワークショップ型の研修を行ったり，明日から実践することを決めたりします。
> ・悩みを吐露したり，得意なことを教えたりする研修会も企画します。

ワークショップ型研修を取り入れる

　校内研究会を行う際，従来の討論形式の研究会に加え，ワークショップ型の研究会も取り入れています。その利点として，次の点が挙げられます。

---

①研究の視点が焦点化され，明確になっているので，授業を参観するときから，参加者が課題意識を持って取り組める。

②参加者すべてが，自分の意見を表出することができる。

③参加者が研究の視点に沿って，協同作業を行うことにより，参加者相互の連帯感が増し，その後の指導が一枚岩になる。

　こうした研究会で留意することは，「言いっ放し，やりっ放し」にしないということです。研究会は参加者の積極的な活動で盛り上がります。それ故，研究会をやり遂げたという充実感は得られます。だからこそ，研究会で明らかになったことやその後に取り入れていきたいこと，改善したいことを確認する時間が必要となります。本校では，翌日から取り組むことをまとめ，各学年部で交流する時間を位置付けています。

若手の疑問に答える，若手の得意分野を生かす

　若手教師が一番に発言を求められる雰囲気がある研修会に参加したことがあります。確かに積極的に若手教師が発言をするのですが，授業の感想を話すだけの発言が多いと感じます。私は若手教師が進んで発言する雰囲気も大切ですが，若手教師が疑問に思うことを尋ねたり，悩みを吐露したりできるような研究会にしたいと思っています。

　若手教師と話をしたとき，「○○先生（ベテラン教師）の指導は，確かにすばらしいと思う。でも，今の私には，あの指導をすることができない」と言われたことがあります。そんなときには，若手教師にもできそうな指導を一緒に考えるようにしています。

　また，「ベテラン教師が若手教師に教える」，「ベテラン教師から学ぶ」研修ばかりでなく，若手教師が講師を務められる研修はないかと考えたりします。小学校で必修になった外国語やプログラミングを得意としている若手教師もいます。また，オフィシャルの研修会ではありませんが，「児童に人気のあるユーチューバー講習会」や「児童に人気のあるアニメ講習会」，「動画アプリの使い方講習会」などを企画したこともあります。

明日から取り組むことを明らかにする

　校内研修でよく聞かれる発言に，「大変勉強になりました。明日からの指導に生かしていきたいと思います」というものがあります。せっかくこうした気持ちになって研究会を終えても，「明日から何に取り組むか」ということまで明確にしておかないと実践はできません。さらに，取り組んだことをどのように可視化するかというところまで話し合っておくと，取り組んだ成果を確かめあったり，次の活動につないだりする際に役立ちます。本校では，算数科を中心に，どの児童も「できた」，「分かった」，「がんばった」を実感できる授業づくりを目指しています。そのために，ノードづくりで何を指導するかや学習のまとめを学級掲示に残す方法などを日々確認しあっています。

公開授業での "指導助言" どうする？

- 普段の授業を参観する際，どんなことに心がけていますか。
- 研究授業の指導では，どんなことに心がけていますか。

- 若手教師の良い姿を積極的に価値付け，自信を持てるように働きかけています。
- 評価の観点を事前に示し，教師と児童の具体的な姿を通して指導助言します。

普段の授業を参観するときは，良いことのみをメモする

　初任研やTTの授業などで，若手教師の授業を参観したり，一緒に指導に当たったりする場合があります。こうした普段の授業では，若手教師の良い指導のみをメモするように心がけています。若手教師はベテラン教師が教室の後ろで参観しているととても気になります。授業中に参観者がメモをすると，「自分の指導が良くなかったのではないか」と心配になったりもします。参観者のことばかりが気になって，児童への指導が十分できなくなってしまうことさえあるほどです。若手教師の指導力を上げるには，自信をつけさせることが一番だと考えています。だからこそ，若手教師の良い指導をその場で価値付けていきたいのです。若手教師も自分の指導がうまくいかないときは，それを自覚しています。授業が終わってから，その点を自分で振り返らせ，必要に応じて助言や指導を行えばよいのです。

　実際にこうした指導を継続していると，若手教師からは次のような感想が聞かれました。「先生方に授業を見てもらうことは，とても勉強になるのですが，とても緊張してしまいます。でも，草野先生がメモをしたときは私の指導がうまくいったときなので，安心できます。心の中で『やったー』とガ

ッツポーズをしながら授業をしているときもあります」。

　普段から若手教師の良いところを認め価値付けていると，若手教師から相談を持ちかけられることも多くなってきます。授業を参観させて欲しいという要望も聞かれるようになります。そうしたときも，「私の授業を見て，自分も取り入れてみたいと思ったことを教えてくださいね」と声をかけるようにしています。そして，次に授業を参観したとき，若手教師が実際に取り組んでいる姿があれば，それを価値付けていきます。

指導助言の観点を明らかにして参観する

　研究授業や公開授業では，事前に参観の視点を伝えます。右のようなチェックシートを用意し，具体的な教師の指導の手立てや児童の姿を示しながら，良い点と改善点を明らかにしていきます。

　「★」の欄には，研究の視点にかかわっての評価項目を記入しています。数値による評価に加え，メッセージによる指導助言を添えています。課題ばかりにならないように，配慮します。

　メッセージ欄に児童の姿を記す場合は，担任が抽出児童として示した児童の様子を記入すると共に，中間層の児童の様子についても記入します。中間層の児童が活躍する授業ほど良い授業だと考えるからです。

若手教師の "指導力向上" 何から始める？

・若手教師の指導力を向上させるために，どんな取組をするとよいでしょうか。

・若手教師の「困り感」を把握して，ニーズにあった支援を考えます。
・若手教師の良さを積極的に価値付け，「一人前」の教師として扱います。

若手教師の「困り感」を把握する

　若手教師の指導力向上に欠かせないことは，「若手教師が何に困っているのか」，「どんな力をつけたいと思っているのか」ということを把握し，支援していくことを通して，若手教師が自ら指導力を高めたいと思えるようにしていくことだと思います。私が今まで一緒に仕事をしてきた若手教師たちに「どんなことに困っているか」と尋ねたところ，次のようなことが挙げられました。

①授業の進め方や教材研究などの「学習指導」
②不登校や発達障害などの「特別な配慮を要する児童への対応」
③保護者からの問い合わせの対応などの「保護者対応」
④仕事優先順位の見極めや校務分掌などの「仕事の見通しの立て方」

　一括りに「学習指導」と言っても，困っていることは人それぞれです。若手教師の悩みや目指す姿を丁寧に聞き取り，若手教師ができそうな対応策を一緒に考えていきます。

OJT で指導力の向上を図る

　教師には研修期間がありません。大学を卒業したばかりの教師も，4 月から児童の前に立って担任をしたり，授業を行ったりします。ですから，教師の指導力は，児童への指導や授業を通して高めていくしかないのです。

　授業力の向上は，「計画ノート」の作成などの教材研究も大事ですが，TT など授業を一緒に行い，実際の指導場面を見せることも有効です。生徒指導では，ベテラン教師の電話対応の様子を聞かせたり，児童や保護者と話す前に，実際に話す言葉と同じ文言を書いて整理したりして，ベテラン教師の良い指導をまねさせています。

児童の前でも若手教師を「一人前」に扱う

　若手教師を児童の前で，「一人前の先生」として位置付けるようにしています。児童の前では，若手教師のすばらしいところを褒めます。「○○先生の言う通りやったら，マットで後転ができるようになったんだね。○○先生に教えてもらった通りにがんばれた□□さんがすごいよ」などと教師の指導によってできるようになったことを価値付けます。そうすることで，児童は，「先生と一緒に勉強すると楽しい」，「先生の言う通りにするとうまくいく」という経験を積み重ねることになり，若手教師への信頼感が増します。

　また，保護者の中には，「担任はベテラン教師の方が良い」とあからさまに言う人もいます。そうした保護者には，若手教師のフットワークの軽さや児童から親しまれていること，何か心配事があれば，学年主任をはじめ多くの先生方に相談をしていることなどを伝えると共に，自分にはない若手教師の良さについても話すようにしています。若手教師が独断で指導をしているのではなく，常日頃からベテラン教師に相談しながら指導していることが分かり，安心すると共に，ベテラン教師が若手教師を認めているということで，指導に納得できないことがあっても，すぐさま批判をするのではなく，問い合わせや相談が入るようになります。

"指導力不足な教員"への対応は どうする？

> ・指導力不足な教員とは，どんな教師をいうのでしょうか。
> ・指導力不足な教員を，どのように支援すればよいでしょうか。

> ・学習指導や生徒指導，事務処理などへの意欲が乏しく，うまく進めることができない教師をいいます。
> ・指導場面に同席して，支援に当たります。

「指導力不足な教員」とは

　人は誰しも「得手不得手」があります。教師にもそれぞれ個性があり，得意とする分野が違うからこそ，いろいろな活動を計画したり，児童一人一人の個性を伸ばしたりできるのだと思います。その一方で，それぞれの教師の苦手とする面ばかりに注目してしまうと，「あの先生の指導力は大丈夫だろうか？」と指摘し合うことになります。それでは，「指導力不足な教員」とはどのような教師のことを言うのでしょうか。私は，次のような教師を「指導力不足な教員」と考え，支援するようにしています。

> ①授業の教材等が準備できない，学習指導案が書けない教員
> ②児童や保護者の気持ちが汲めず，人権への配慮を欠く教員
> ③校務分掌や成績処理等の事務処理ができない教員
> ④教育への意欲が乏しく，やる気のない教員

　指導力不足な教員への指導は，管理職が中心となって行います。改善が図れない場合は，研修や転職を促すことも必要になることもあります。

児童への指導場面に同席する

　学習指導でも生徒指導でも，児童生徒とうまくかかわれない教員に共通しているのは，児童生徒の様子を見取れていない，気持ちを汲むことができないということが挙げられます。こうしたことは言葉で伝えても，なかなか理解してもらえないことが多いように思います。そこで，実際の児童生徒への指導場面に立ち会い，一緒に指導に当たりながら，指導力不足な教員を支援するようにしています。一方的に支援に入っても，受け入れられないことも多いため，「一緒に授業や生徒指導を行ってもよいですか」と合意を取るようにしています。拒否されても，「私も児童生徒への指導力を高めたいので，一緒に指導に当たらせてください」とお願いします。

　授業では，TT での指導を行い，授業の途中でT１とT２が入れ替わって指導する場面を作ります。パターン化できる指導過程は，示範してモデルを示し，１人でも指導ができるように支援します。授業の後には，「今日の授業では，どの児童のどんな姿がすばらしいと思いましたか」と問いかけ，次時の授業から，授業中に児童生徒の良さを価値付けられるように支援します。

　授業以上に指導に立ち会うのは，生徒指導や保護者対応の場面です。児童や保護者の気持ちを代弁したり，時には代わって指導したりします。

校務分掌などの仕事はスリム化を図る

　成績処理が進まなかったり，校務分掌にかかわる提案文書等が作成できなかったりする教員もいます。成績処理については，今までの通知表所見をデータ化し，活用できるようにしています。また，校務分掌にかかわる提案等は，サーバーにフォルダに分けて整理しておき，誰が担当しても提案が進むようにしておきます。

　教務主任は管理職とは異なり，指導力不足な教員を指導するというよりは，課題解決に向けて，一緒に仕事をする同僚としての立場でかかわった方が，指導力不足な教員も力を発揮できることが増えると思います。

"一匹オオカミ" の教師とどうかかわる？

> ・「一匹オオカミの先生」とはどんな先生ですか。
> ・「一匹オオカミ」の先生と，どのようにかかわるとよいでしょうか。

> ・自分勝手で協調性がないばかりでなく，児童生徒への指導力がある先生が多くいます。
> ・自分から積極的にかかわって，他の先生とつなぎます。

「一匹オオカミ」の教師はどんな先生？

　「一匹オオカミ」と聞くとどんな印象を持たれるでしょうか。「協調性がなく自分勝手で周りの人に迷惑をかける」という印象がある反面，「他の人とは一緒に行動しないものの，仕事は人一倍できる」という印象を持たれる場合もあるのではないでしょうか。

　実は私も若いころは，「一匹オオカミ」の先輩教師にあこがれたこともありました。授業がうまく，学級経営も独特ですが，生徒からの信頼感もあってカリスマ性を感じていたからです。しかし，その「一匹オオカミ」の先輩教師が，すべての同僚や生徒から慕われ，尊敬されていたとは言えません。

　だからこそ，「一匹オオカミ」の先生の良さを十分に発揮してもらえるような環境を整えていきたいと思うのです。

自分からあわせる

　それでは，どうすれば「一匹オオカミ」の先生を，学校組織に取り込むことができるのでしょうか。多分それは完全には不可能だと思います。でも，少しでも協力を得られれば，学校にとってプラスになるはずです。

そこで，私が心がけているのが，自分から「一匹オオカミ」の先生にあわせるということです。「一匹オオカミ」の先生は職員室で仕事をしません。ですから，教室へ出向き，その指導の様子を観察したり，教室の雰囲気や児童の言葉などから感じ取ったりしながら，「その指導法を私もまねしてもよいですか？」と声をかけています。校内に同じ指導をしている教師が増えれば，それはもう，「一匹オオカミ」ではなくなるからです。

他の先生とつなぐ

　「一匹オオカミの先生は，協調性がなくて困る」と感じている同僚もいます。そうした感情を和らげるために，「一匹オオカミ」の先生と他の先生方をつなぐように心がけます。具体的には，出退勤時刻をあわせて，挨拶をするようにします。他の先生と挨拶を交わす姿を目にするだけでも印象が変わります。若手教師が指導に困っていれば，「○○先生（一匹オオカミの先生）の指導をまねてみたらどう？」と声をかけます。一匹オオカミの先生には，「先生の指導がすばらしいので，紹介してもよいですか」と一声かけておきます。積極的に手の内を見せてはくれないかもしれませんが，つながりができます。

時には対決する

　いつもいつも「一匹オオカミ」の先生に合わせているばかりではありません。時には対決することが必要になるときもあります。私は，次のようなときには，「一匹オオカミ」の先生とも対決するようにしています。それは，みんなで決めたことに取り組もうとしないときや管理職の指導に従わないときです。そんなときには，「○○先生の指導力は，誰もが認めています。先生の指導の方針もあるかと思いますが，職員会議で決まったことは，先生の指導方法でよいので取り組んでください」，「先生が管理職の方針を真っ向から否定すると，学校全体の士気にかかわります。反対意見があれば話合いの場を設けますので，みんなで合意してから行いましょう」と声をかけます。「一匹オオカミの先生の実力が正当に評価されないのが悔しいこと」を伝えます。

儀式的行事はどこで何をする？

・儀式的行事に臨む，教務主任の心構えを教えてください。
・儀式的行事に際し，先生方にどんな働きかけをしますか。

・会場準備と司会進行の責任者であることを自覚し，厳粛な雰囲気をつくり出します。
・教室での事前指導と事後指導を行うよう促します。

教務主任は，会場準備と司会進行の責任者

儀式的行事を行う際の教務主任の仕事をまとめると，次のようになります。

①入学式や卒業式については，準備と当日の役割分担とタイムテーブルを作成する。始業式，終業式については式次第と日課表を示す。
②児童代表の言葉など，児童の活動がある場合は，当該児童への事前指導と会場でのリハーサルを行う。
③保護者が臨席する行事については，事前案内文書の配付と当日の会場案内を行う。
④演台や長机，椅子などを整え，照明，換気，マイクの状態を確認する。
⑤司会進行を行う。

厳粛な空気は司会の「間」がつくり出す

儀式的行事には，厳粛な雰囲気が求められます。始業式や終業式はもちろんのこと，入学式や卒業式にはさらにこうした雰囲気が必要になります。そ

の厳粛な雰囲気をつくり出すのが，教務主任の司会進行です。

司会進行の肝は「間」です。「一同礼」と一続きで発声してしまうと，礼が揃いません。「一同（間）礼」と発声すると，「一同」で準備，「礼」で礼をするという動作が揃います。また，式次第の進行にも間が大切です。登壇して一間置いて号令をかける，席に戻って一間置いて次に移るという間が会場を落ち着かせ，厳粛さを生み出します。さらに，司会者の声のトーンも大切です。過度に重々しくならない程度に，重厚感のある発声となるように心がけています。入学式には1年生にあわせて，明るく，さわやかに進行します。

教室での事前事後指導を促す

「始業式や終業式の際は，事前指導と事後指導をしてください」と先生方に呼びかけています。始業式は，長期休暇の様子を振り返り，がんばったことを確認しあい，新学期への目標を新たにする場です。終業式は，今学期の成果と課題を明らかにし，さらに成長するために，どんな長期休暇を過ごすかを考える場です。始業式や終業式では，校長の話を聞くだけでなく，児童生徒が自己の生活を振り返り，新たな目標を定める場にしていきたいのです。先生方には，始業式や終業式の前の短学活などでは，式に臨む姿勢を整える話をするようにお願いしています。始業式や終業式が終わったら，校長の話の内容を確認し，児童生徒がどんなことを考えたかを確認し，板書に位置付けるようにお願いしています。

授業参観で保護者の信頼を得るためには？

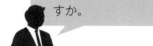

・授業参観では，保護者の信頼を得るためにどんな点に留意しますか。
・授業参観を活用して，保護者の意見を吸い上げる工夫はありますか。

・授業では，児童生徒が活躍する場面を設定します。新しい学習内容を積極的に公開します。
・授業参観にあわせて，「学校アンケート」を実施します。

授業参観では，「我が子ががんばる姿」を見せる

　授業参観は，学校の目指す姿や指導の様子，児童生徒のがんばりを保護者や地域の方に示す良い機会です。保護者も我が子のがんばる姿を見るのは嬉しいものです。児童生徒も教師も輝く姿を見せることができる授業参観にするために，先生方に次のように助言をしています。

①普段の授業から笑顔を絶やさず，1時間に10人以上褒める習慣を身に付ける。
②教師の指導によって，児童生徒ががんばっている様子を見せる。
③授業参観で児童が安心してがんばる姿を見せられるように，それまでの授業で，準備や練習をしておく。

外国語，特別の教科 道徳，プログラミング教育などを積極的に公開する

　新学習指導要領の導入により，小学校では，外国語や特別の教科道徳，プログラミング学習などの新しい学習が始まりました。授業参観を通して，こ

うした授業を積極的に公開していくとよいと思います。その理由としては，次の２つが挙げられるからです。

---

①新しい学習の目指す姿と実際に児童が学ぶ姿を，保護者や地域の方に知ってもらうことができる。
②授業を公開するに当たり，教師の教材研究が進み，新しい学習内容に積極的に取り組む雰囲気を高めることができる。

コロナ禍の授業参観は感染予防を最優先にする

2020年度は，新型コロナウイルスの蔓延による感染予防が学校運営の最優先課題となりました。４月当初計画していた運動会や合唱交流会等の行事は早々と中止となり，授業参観も中止とする学校が多かったのではないでしょうか。本校も例外ではなく，行事や授業参観が中止となりました。それでも，保護者からは授業の様子が見たいという要望がありましたので，次のような工夫をして，授業の様子を公開することにしました。

---

①体育の授業公開日を設定し，屋外の授業の様子を公開する。
②学級毎に学習発表会を行い，それを VTR に撮り，児童が見たものをホームページの PTA 会員専用ページで公開する。

「保護者アンケート」を実施し，学校改善に生かす

本校では，授業参観にあわせて「学校アンケート」を実施するようにしています。保護者に実際の児童の学習の様子や教師の指導の様子を見ていただき，アンケートに答えてもらうことを通して，保護者からの意見をダイレクトに吸い上げ，学校改善に生かしていきます。アンケートで寄せられた意見については，ホームページ等で紹介し，次年度の総会で改善点を伝えます。

運動会準備・片付けで配慮すべきことは？

・運動会の準備や後片付けを効率
よく行うにはどうしたらよいで
しょうか。
・運動会で保護者に協力を求める
ことはありますか。

・「親父の会」に協力を仰ぎ，父
親の積極的な協力を求めます。
会場配置図を作成し，それをも
とに準備をします。
・「閉会式，解団式までが運動会
である」と伝えます。

「親父の会」の協力を仰ぐ

　運動会の準備や後片付けは，テントの設営や万国旗の掲揚など，力仕事や
高所での作業を要するものがたくさんあります。それ故，児童や女性の教師
だけでは，安全に作業ができないこともあります。そんなときには，父親の
積極的な協力を呼びかけます。本校では，PTA組織とは別に，有志による
学校を応援するグループとして，「親父の会」を組織しています。普段から
ボランティアで，学校の草刈りや窓のガラス磨きなどの環境整備や学校行事
の際の駐車場整備や写真やビデオの記録撮影などを手伝ってもらっています。
運動会では，テント設営などの力仕事を積極的に手伝ってもらっています。

開会式，閉会式，解団式までが運動会

　運動会での保護者の関心は，競技や応援の様子に偏りがちです。私は
PTAの本部役員の方々に，「高学年は競技や応援に加え，器具の準備など係
の仕事もひたむきに行っています。是非，競技や応援以外の輝く姿をご覧く
ださい」とお願いしています。

　また，競技が終わると，保護者の方はすぐにテントなどの片付けに入られ

ます。児童達は，閉会式や解団式を行っています。保護者には，「閉会式や解団式までが運動会です。勝った団も負けた団も，がんばってきた姿を互いに讃えあい，労いあう姿を是非近くでご覧ください」とアナウンスし，児童が運動会の余韻を味わっている姿を共有してもらうように働きかけています。

運動会後には，児童達に，「家族が撮ってくれたベストショットを1枚先生にくれませんか」と投げかけます。保護者から，競技や応援だけでなく，係の仕事や開閉会式での児童の姿が写された写真が集まったときには，こうした写真もコメントを付けて掲示したり，ホームページなどで紹介したりしています。

「会場配置図」を残す

私は，勤務先の学校が変わった年の運動会の後に，「会場配置図」を作り直すようにしています。「会場配置図」を作成していない学校もありますし，毎年適当にテント等を配置している学校もあります。親父の会などの手伝いを得て会場設営を効率的に行うには，「会場配置図」があると便利です。これをもとに，予備のラインを引いておくと，素早く準備ができます。

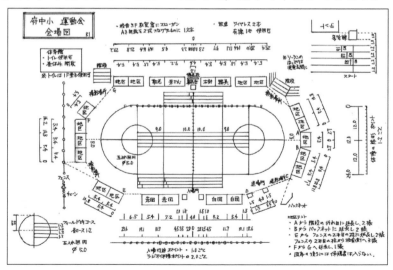

宿泊を伴う行事で配慮すべきことは？

・宿泊を伴う行事について，事前に配慮することは何でしょうか。
・宿泊を伴う行事について，当日に配慮することは何でしょうか。

・下見をして，行程に無理がないかや緊急時の対応について確認します。
・児童生徒の安全を最優先し，活動の様子を学校や家庭に発信します。

下見を行い，トラブルを予見して，対応策を考えておく

　宿泊を伴う行事で一番配慮すべきことは，児童生徒の安全を担保するということです。行事中の事故やけがはもちろん，急に体調が悪くなったときの対応についても教師がある程度対応できるようにしておかなければなりません。下見をする上で確認することは，以下の通りです。

①行程に無理はないか。トイレ休憩の場所は確保できるか。

②入館料，体験料などで現地支払いのものはあるか。

③グループに分かれて活動する際の，教師の待機場所やチェックポイント，連絡方法は適当か。

④卒業アルバム等への掲載を考慮した集合写真の撮影場所。

⑤宿泊先の設備。食事場所，風呂，ミーティングルーム，非常口など。

⑥同宿になる他校の有無。宿泊先でのタイムテーブルと動線の確認。

⑦管轄の警察署，保健所，救急指定病院の連絡先。

⑧Wi-Fi 等の通信環境。

安全管理に努めると共に，児童生徒の様子を伝える

　行事当日は，安全管理に努めます。班行動などで，児童生徒が小グループに分かれて活動する場合は，緊急連絡先を設定すると共に，定時連絡を入れるようにしたり，見学場所にチェックポイントを決めて，実際に児童生徒の姿を見て，健康と安全の確認をしたりするようにします。

　学校への定時連絡についても事前に決めておきます。連絡を受けた教頭が，緊急連絡メールを活用して，保護者に児童の様子を伝えます。最近では，学校のホームページの会員専用ページを活用して，写真や動画を掲載することにも取り組んでいます。校長の指示を受け，スマートフォンを使って引率者が現地で作業したり，現地から送られてきた写真や動画を，学校で待機している職員が加工したりして，ホームページに掲載し，保護者が見られるようにします。保護者からは，「我が子の様子がよく分かり，嬉しい」と好評です。修学旅行に限っては，撮影した写真の販売も行っています。業者に依頼して，インターネットを介して保護者が直接注文できるようにしています。

引率した教諭の代休を確保する

　宿泊を伴う行事の引率をした教諭には，時間外勤務の代休が認められています。教務主任はその調整をします。学級担任に加え，管理職や養護教諭が引率している場合が多いので，一度に代休が重ならないように，本人の希望に加えて，学校行事等も考慮して代休を設定します。私の勤務する県では，学校教育計画に位置付けられた宿泊を伴う修学旅行等の学校行事の引率に限り，1泊2日なら4時間以内，2泊なら8時間以内，3泊なら12時間以内の勤務の割り振り，すなわち代休が認められています。

　なお，私の勤務する町では，宿泊を伴う行事の引率のために下見をした際にもその出張旅費が出ますが，旅費が出るのは平日の下見に限られています。ですから，宿泊を伴う行事の計画を早めに立て，長期休暇中の平日に下見を行えるようにしています。

地域と共に行う行事で配慮すべきことは？

・地域と共に行事を行う上で，気を付けることは何でしょうか。
・行事の様子を情報発信するには，どうするとよいでしょうか。

・行事の計画・運営の主体を明らかにして，予算を確保します。
・マスコミを活用して，地域の方に活動の様子を発信します。

行事の計画・運営の主体を明らかにする

　学校と地域とが協力して行う行事があります。学校から地域にお願いして協力していただくものがあれば，地域からの要請によって学校が協力しているものもあります。役所や企業から依頼されて，地域ぐるみに取り組んでいる行事もあるかもしれません。いくつかの団体と協働して行う行事や，いくつかの団体を経由して依頼された行事などを行う際には，その行事の計画や運営の主体が誰であるかを明らかにしておく必要があります。

　例えば，小学校3年生を対象に，「自転車の安全な乗り方」を学ぶための「交通安全教室」を開催するとします。この行事の主体は学校です。学校が計画をし，協力者に依頼して一緒に行事を行います。協力をお願いするところとしては，地域の警察の交通安全課，交番のおまわりさんや地域の交通指導員，子ども見守り隊の方々，コミュニティセンターの地域防災担当，保護者などが挙げられます。行事の進行も学校が行いますし，「警察官には，安全な自転車の乗り方を児童に教えて欲しい」，「地域防災担当者には，学校での学習の様子を町づくりの広報誌で紹介して欲しい」，「保護者には，安全確保のためにコースのあちこちに立って見守って欲しい」といった協力して欲

しいことを具体的に伝えることになります。一方，町づくり協議会から「住民運動会に小学校も協力して欲しい」といった依頼が来たときには，主体は地域の方ですので，学校で協力する内容を聞き，その範囲内で活動します。多くは，「テントや物品を貸し出して欲しい。準備や後片付けを手伝って欲しい」といった要求がされると思います。

予算を確保する

　行事の計画や運営の主体を明らかにすることに加えて，もう１つ重要なことがあります。それは，予算を確保することです。地域と一緒に活動する行事の場合，地域から活動資金が出る場合もあります。例えば，「地域の農地水保全会から花壇整備用にお金をいただいたので，花壇に花を植えて欲しい」といった具合です。こうしたお金を活用すれば，学校のお金を使わなくても花壇を整備することができます。逆に，前述の「交通安全教室」で地域の方に協力をしていただく場合は，謝礼金や手土産が必要になることもありますので，年間の行事予定を確認して，予算計上をしておく必要があります。

マスコミを活用して，情報を発信する

　地域と共に行う行事については，マスコミの力を借りて情報発信するとよいと思います。新聞の地域版に記事を投稿したり，地元のケーブルテレビで放送してもらったりして，地域の方に学校での活動内容を知ってもらうのです。

　協力していただいた地域の方も，新聞やテレビで活動の様子が紹介されると大変喜ばれます。さらに，次に行事を行うときも積極的に協力していただけるようになります。私はマスコミに情報発信してもらう際に気を付けていることがあります。協力していただいた団体や代表者の名前を掲載していただくことと，できる限りカラー写真を掲載していただくことです。

対外関係にかかわること1
近隣校との関係づくりで しておくべきことは？

・近隣校とは，どんなことに留意して連携するとよいでしょうか。
・「中1ギャップ」などの移行期の問題には，どのように対処するとよいでしょうか。

・生活や学習ルールについては，中学校区で指導内容を統一します。
・小学生のうちから，児童同士の活動を設定し，教師も連携して指導に当たります。

中学校区で指導内容を統一する

　中学校区で学習や生活についてのルールを統一しておくと，中学校へ進学した際や，小学校での合同行事，兄弟姉妹での指導をする際に有効に働くことが多いように思います。指導を統一する内容としては，次のようなものがあります。

①服装や持ち物などの生活の規則
②ノートの使い方，発表の仕方などの学習のルール
③SNSの使い方などの情報モラル

　生活のルールは，中学校の校則に準じてあわせるようにしています。また，小学6年生の体操服などは中学校進学後に使えるものを使用してもよいことにしています。

　情報モラルについては，中学校の生徒会と小学校の児童会の代表が一緒に話合いをして，地域のルールを決めています。自分たちで決めたルールだと，守ろうという意識も高くなり，トラブルを減らすことにつながります。

「中１ギャップ」の解消を図るための取り組みを行う

　小中学校の連携として，「中１ギャップ」解消のための取り組みがあります。前述した，生活のルールを中学校区で揃えておくというのも，中学校に進学したときに，今まで小学校で指導されてきたことと同じなので生徒が戸惑わないためです。

　中学校生活をスムーズに始めるためには，「ちょっと知っている他の小学校出身の子」の存在が有効です。スポーツ少年団や習い事，地域のイベントなどで知り合いがいると，新しい友人関係を築く手がかりとなるからです。

　そこで，小学生のうちから児童交流をしています。６年生同士が学校を行き来して，「学校自慢」を発表したり，近くには「関ヶ原古戦場」があるので合同で史跡巡りを行ったりして，仲間づくりをしています。中学校に入学後は，学年集会でエンカウンターや対人関係ゲームを取り入れたグループワークを行い，新たな友人関係づくりを促進する活動を行っています。

保幼小連携は職員の交流から

　小学校と中学校は同じ義務教育ですので，学校行事等で活動を共にしたり，研究授業などを通して職員の交流をしたりすることが比較的多いように思います。しかし，保育園や幼稚園と小学校は，「連続した支援が必要だ」と言われている割に，交流は少ないように思います。アプローチカリキュラムやスタートカリキュラムを整備していますが，保育園・幼稚園と小学校がそれぞれ作成しているという実態もあるようです。本校ではまずは職員が交流をすることを通して，園児や児童の実態を把握し，発達段階に応じた支援ができるようにしています。

　具体的には，夏休みに小学校教師が保育園や幼稚園を訪問して実習を行う，保育士や幼稚園教諭が小学校の授業や給食の様子を参観することを通して，児童への言葉かけの仕方を学びあったり，小学校入学までに身に付けさせたい生活習慣を確認しあったりして，双方のカリキュラムを見直すのです。

保護者から問い合わせがきたら？

・保護者が学校に問い合わせをするときは，どんなときですか。
・保護者の問い合わせに対応する際，どんなことに気を付けるとよいでしょうか。

・情報を得たり，確認したりしたいとき，学校の対応に納得がいかないときです。
・事実の背後にある気持ちにも寄り添い，協力して解決していく姿勢を貫きます。

保護者が学校に問い合わせをするとき

　保護者が学校に問い合わせを行うのは，多くは次の場合です。

①児童生徒を通して学校からの情報が伝わらず，情報を得たいとき。
②児童生徒から得た情報が十分に理解できず，確認をしたいとき。
③学校の指導や対応に，納得ができず，納得のいく説明を求めたいとき。

　①②の場合も，ほとんどが保護者間のネットワークで情報伝達がなされるため，学校に連絡がある場合は，そのほとんどが学校の対応に対して，要望や苦言，批判があると思って対応した方がよいと思います。保護者は，「うちの子が学校からの伝達プリントを持ち帰るように見届けをして欲しい」とか，「先生からの説明の仕方が分かりづらいので，もう少し分かりやすく伝えて欲しい」と思っていても，それを直接指摘せず，「プリントを忘れてきて，分からないので教えていただけないでしょうか」といったように，問い合わせという形で学校に連絡をしてくるのです。ですから，まず保護者の話をよく聞き，言いたいことを十分に理解するように努めます。

保護者からの問い合わせに対応する際，肝に銘ずることがあります。それは，「保護者の大多数は，学校に問い合わせをするまでに，逡巡や葛藤がある」ということです。教師は「相談事があったら，何でも声をかけてください」と言いますが，そう簡単には連絡ができないのです。ですから，せっかく連絡をいただいた際には，真摯に対応したいと思います。

背後の気持ちに寄り添う

保護者は教師に相談するとき，事実の裏にある気持ちまですべて話すとは限りません。相談するまでに葛藤や逡巡がある場合は，相談しようか迷っていたわけですから，丁寧に話をすることで，少しずつ自分の気持ちを話してくれるようになります。その際，教師は，「お子さんのことを心配している」，「お子さんが困っていることを解決したい」という姿勢を貫くことです。保護者は，我が子のことを心配し，我が子の幸せのために動いてくれる教師を信頼し，相談を持ちかけるのです。ですから，解決した後の，「その後の様子はいかがですか？」のフォローアップも大切になります。

学校に問い合わせるのは，関心がある証

一時，「モンスターペアレント」という言葉が流行りました。学校に理不尽な要求をする保護者がいるのも事実です。中には「先生を困らせて，自分に有利な条件を引き出したい」という保護者もいるかもしれませんが，ほとんどが，「自分の子どもがかわいい」，「自分の子どもが心配」であるが故の過剰な反応だと思って対処していく方が，解決への近道であると考えています。保護者の勢いに負けないように，感情的になったり，高圧的になったり，対応をおろそかにしたりすると，さらに解決が遠のくと思うからです。「この保護者は，お子さんのことが心配なんだな」，「学校に何とかしてもらおうと必死なんだな」と思い，「お母さん，お父さんと一緒に解決していきたいと思いますので，協力をお願いできないでしょうか」というスタンスで対応するとよいと思います。

児童生徒の転入があったら？

・転入の手続きをする際，心がけることは何でしょうか。
・転入に際し，授受する書類には，何がありますか。

・笑顔で対応し，歓迎の意を伝え，新しい環境への不安を和らげます。
・転入学証明書と，在学証明書，教科用図書給与証明書を確実に受け取ります。

歓迎の意を伝え，新しい環境になじむための配慮をする

　転入してくる児童もその保護者も少なからず緊張しています。「新しい学校でがんばろう」という気持ちを高め，不安を和らげる働きかけをします。

　年度当初に転入してくる児童ばかりではなく，学期の途中での転入もあります。転入の理由は様々ですので，転入理由など家庭の事情には深入りしすぎない配慮も必要となります。その地方独特の風習や方言になじめないこともありますし，転入には第一印象が大切ですから，次のような準備をします。

①笑顔で対応する。玄関で出迎え，下足箱を確認して見送る。
②歓迎メッセージや児童による歓迎会などを用意し，歓迎の意を伝える。
③連絡文書等は，学校の連絡先を書いた封筒に入れて渡す。

転出入にかかわる書類等の授受を確実に行う

　転入に際し，保護者から受け取るものと保護者に伝えるものがあります。また，前在籍校に送付を依頼するものがあります。こうした手続きは，管理

職の指示と確認を仰ぎながら，教務主任が中心となって準備します。

　保護者から受け取るものには，次のものがあります。

①転入学証明書（教育委員会から直接学校に連絡がある場合もある）

　市役所や役場の「住民課」等に「転出届」を出すと，転入学通知書を受け取れます。教育委員会が窓口になっている自治体もあります。

②在学証明書・入学通知書

　前在籍校からもらってきます。

③教科用図書給与証明書

　前在籍校からもらってきます。使用する教科書は自治体によって異なるため，今まで使用していた教科書と違う教科書のみ無償配付します。

学校から保護者に渡すものとしては，次のものがあります。

①児童調査票や保健調査票等の緊急連絡先等を記入していただく用紙

②学習費等の口座引き落としにかかわる書類

③生活のきまりや体操服や上靴等の学用品の購入方法を記した文書

④学校便りや最初に登校する日の予定や持ち物を記した文書

次に登校するまでに連絡が取れるように緊急連絡先も聞いておきます。

前在籍校に入学通知書を送付し，以下のものの送付を依頼します。

①指導要録の写し

②健康診断票・歯の検査票

③氏名ゴム印（前在籍校のものをそのまま使用する場合）

④学期の途中で転入する場合は，前学期の通知表の写し

児童生徒の転出があったら？

> ・保護者から転出の連絡を受けたら，何をしますか。
> ・転出手続きで，気を付けることは何でしょうか。

> ・在学証明書，入学通知書，教科用図書給付証明書を用意し，会計処理をします。
> ・保護者や転入先の学校とは，文書で確認をします。

保護者から転出の連絡を受けたら

保護者から転出の連絡を受けたら，次の書類等の準備をします。

①転出手続きの仕方を記したもの

②在学証明書・入学通知書

③教科用図書給付証明書

④学習費，給食費等の会計処理

とりわけ会計処理については，預かり金の返金や不足分の徴収，会計報告書の作成等の手続きが必要となりますので，早急に処理を始めるよう担当の職員に連絡します。

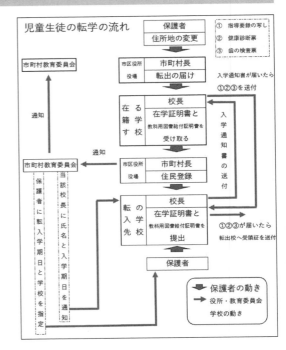

児童生徒の転学の流れ

① 指導要録の写し
② 健康診断票
③ 歯の検査票

保護者
住所地の変更

市区役所役場　市町村長　転出の届け

市町村教育委員会

入学通知書が届いたら①②③を送付

在籍する学校　校長　在学証明書と教科用図書給付証明書を受け取る

通知

市区役所役場　市町村長　住民登録

市町村教育委員会

通知

入学通知書の送付

転入の学校先　校長　在学証明書と教科用図書給付証明書を提出

①②③が届いたら転入校へ受領証を送付

保護者

保護者に転入学期日と学校を指定

当該校長に氏名と入学期日を通知

➡ 保護者の動き
→ 役所・教育委員会
　 学校の動き

転出入の手続きは文書で確認する

　保護者に転出手続きについてお伝えする際も，学校間の連絡をするときも，文書を用意すると確実に伝達ができます。私は以前，口頭で保護者に伝えたために，ご迷惑をおかけしたことがありました。転出届は転出日の２週間前から受け付けてもらえるのですが，それを伝え忘れたために，保護者に何度も役場へ出向いていただくことになってしまったのです。

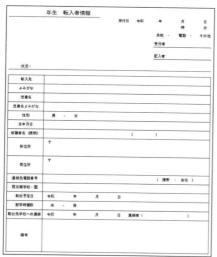

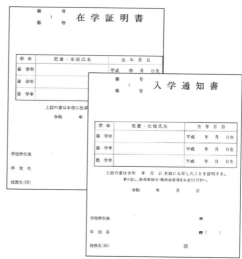

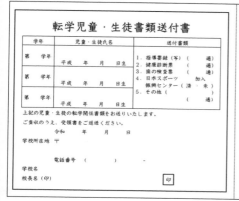

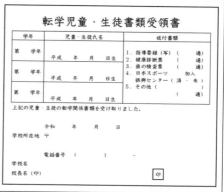

外部人材をどのように活用する？

・外部人材をどのような場で活用したらよいでしょうか。
・外部人材や機関を活用するメリットは何でしょうか。

・得意分野を有している人材を活用することにより，授業の質が上がります。
・特色ある教育活動の推進と教育資金の調達が期待されます。

「○○名人」は，授業での最強の助っ人

地域には「○○名人」と呼べる人がいます。こうした人は授業での最強の助っ人になります，例えば，「野菜作りが得意なお年寄り」がいたとします。農業を専門に行っている農家の方でなくてもよいのです。「野菜作りが趣味です」という方で十分です。児童の前では，「野菜作り名人の○○さん」と紹介すればよいのです。こうした方に，低学年の生活科の学習のお手伝いをしていただくと，栽培活動がうまく進みます。英会話に堪能な方を，外国語や外国語活動のアシスタントティーチャーとして招くと，活動が充実します。

行政や企業・大学から派遣される「出前講座」を有効活用する方法もあります。こうした「出前講座」を活用することにより，学校だけでは指導できない学習内容について学べたり，より専門的な学習を体験することができたりします。

行政が企画する「出前講座」としては，税務課が企画する「租税教室」や観光課が企画する「地域の文化財講座」などがあります。企業からは，自動車産業に携わる方から「エコプロジェクト」の説明を受けたり，リサイクルに携わる方から，「SDGs」にかかわって，小学生でもできることについての

講話をしていただいたりすると，社会科の学習が一層充実します。情報モラル教育については，携帯会社に依頼すると，児童生徒が安全にスマホを使うための「スマホ安心安全教室」を開いていただけます。地域のスポーツクラブやサッカーのＪリーグの球団が運動教室を企画する場合もありますので，そうした機会には必ず応募するようにしています。大学からは，「サイエンス教室」の協力を得られることもあります。児童生徒の科学に対する興味関心を高めるとともに，小中学校ではできない実験を見せていただけるという利点もあります。音大の中には，オーケストラの派遣演奏をしてくれるところもありますので，芸術鑑賞会として位置付けています。

「特色ある学校づくり」に外部人材を活用する

　各校が教育計画を作成し，その学校ならではの「特色ある教育課程」を編成しています。私が勤める町には，小学校７校，中学校が２校あります。これらの学校を４つのグループに分け，教育委員会の指定で特色のある学校づくりを推進しています。「外国語活動」，「ICT教育」，「特別支援教育」，「コミュニティ・スクール」の指定を受け，研究実践を進めています。外国語活動や特別支援教育をテーマに取り組んでいる学校は，地域の大学と連携をして研究実践を進めています。ICT教育については，携帯会社やアプリ制作会社と連携ができます。専門的な知見や最新の情報を手に入れることができ，外部人材や外部機関と連携すると，特色ある教育実践を進めることができます。

外部機関と連携して，教育予算を得る

　特色ある教育活動を進めようとすると，その研究にかかわる予算が必要になります。教育委員会等からいただける予算には限りがあるので，教育助成金を活用しています。具体的には，電力会社や広告代理店，教育関係などの企業や自然保護団体などが教育助成基金を設立しています。これらに応募することで，数万円から数十万円ほどの助成金を得ることができます。助成金がいただけた場合は，成果刊行物の作成などの報告義務があります。

警察から連絡が入ったら？

- ・警察から連絡があったら，学校はどのように対応しますか。
- ・警察と連携する際，大切にすることは何でしょうか。

- ・複数の教師が警察に駆けつけ，警察の聴取がスムーズに進むように促します。
- ・普段から顔つなぎをしておきます。

警察から学校に連絡が入ったら

　警察から学校に連絡が入ることがあります。万引きなどの触法行為や深夜徘徊などの虞犯行為があった場合は，保護者への連絡が原則ですが，児童生徒が身元を明らかにしなかったり，保護者と連絡が取れなかったりする場合などには，警察から学校に連絡がある場合もあります。

　こうしたとき，学校からは教師を警察署に派遣することになります。児童生徒名が分かっていれば，担任と生徒指導主事が出向きます。必ず２人で出向くようにします。持参するものとしては，児童生徒名簿（顔写真付きが望ましい），児童生徒の緊急連絡先，地図，記録用紙，携帯電話です。

　警察では，児童生徒が警察の話に素直に耳を傾け，反省するように促します。一方，学校に残った，学年主任と管理職と相談して，教務主任は警察から戻った後の対応の準備をします。警察での指導が終わった後には，児童生徒と保護者と面談して，補導事案と今後の生活について指導します。

積極的な連携が児童生徒を守る

　学校と警察との連携に関する研究の第一人者で，横浜市の中学校で校長を

務める瀬田川聡氏は，いじめ問題に言及し，その著書『いじめをやめさせる
―指導の心得と鉄則』（明治図書刊）の中で，「『いじめは犯罪である』。学校
の外に出れば『名誉棄損』，『暴行』，『傷害』，『恐喝』などの罪で処罰される
ことが，学校ではいじめで片づけられてしまう。いじめを『子どもだから』，
『学校の中でのことだから』で済ませるのではなく，毅然とした指導を行う
ことが大切である」と記し，義務教育においても，学校と警察との連携の重
要性を指摘し，警察との積極的な連携が児童生徒を守ると述べています。

　ただ，すべてを警察に丸投げするのではなく，学校へ再登校したときの指
導体制の整備や対象児童生徒への共感的理解にもとづく対応，進路保障，家
族への支援などを行う必要があります。教育的な支援は学校が行うというこ
とを忘れてはいけません。本人のみならず全校児童への指導も必要です。

普段から顔つなぎをしておく

　問題行動への対応を連携して行うためには，普段からの顔つなぎが重要に
なります。直接の窓口は管理職と生徒指導主事になりますが，教務主任も，
生活安全課と交通安全課の課長と係長とは顔見知りになっておくとよいと思
います。管理職は地域の警察署長とは必ず顔つなぎをしておきます。警察と
連携して問題行動に対応する際，教務主任は学校に残り，電話等による連絡
調整役になることが多いのです。警察の方と面識がある方が連絡が取りやす
いのです。

　また，警察と連携を取る事案は，問題行動への対応ばかりではありません。
小学校3年生の社会科では，「事故や事件からくらしを守る」の学習で，警
察の仕事について学習します。また，「不審者侵入から命を守る訓練」や
「交通安全教室」，「防災訓練」でも，警察の方を講師として学校に招くこと
もあります。こうした活動の計画立案と当日の指導は，担任や各校務分掌担
当者が行いますが，日程調整や会場準備では教務主任がかかわることになり
ます。場合によっては警察との連絡・調整を行うことがあります。普段から
の顔つなぎが，こうした活動をスムーズに進めるポイントとなります。

学校変革にかかわること 1

"カリキュラム・マネジメント"
推進のための役割は？

・カリキュラム・マネジメントを確立する上でのポイントを教えてください。

・教科横断的な視点での教科配列，PDCAサイクルの確立，地域人材や資源の活用がポイントです。

カリキュラム・マネジメントとは何かを理解する

　カリキュラム・マネジメントとは，学校の教育目標の実現に向けて，子どもや地域の実態を踏まえ，教育課程を編成・実施・評価し，改善を図る一連のサイクルを計画的・組織的に推進していくことであり，また，そのための条件づくり・整備をすることです。ですから，カリキュラム・マネジメントは，学校経営において中核に位置付くものであるといえます。

　文部科学省はカリキュラム・マネジメントの確立について，次の3つのポイントを示しました。

①教科横断的な視点で学校の教育目標達成に必要な教育課程を組織的に配列すること。

②子どもたちの実態や地域の現状に関する調査結果とデータにもとづいて教育課程を編成し，実施した後に評価と改善を行う PDCA サイクルの確立を図ること。

③地域と連携し，教育に必要な人材，資源を外部に求めること。

教科横断的な学習を取り入れるために

新しい学習指導要領が目指すのは，児童，生徒の主体性を引き出しながら，深い学びを通して，知能や技能にとどまらず，思考力や判断力，表現力の育成にねらいを置いた「授業の質的な転換」です。これらの能力の育成は，1つの教科だけで行えるものではありません。教育課程を構成するすべての教科がそれぞれの役割を果たすと同時に，国語で養った言語能力を他の教科でも育成するような，教科をまたいだ教育課程の編成が求められます。例えば，「持続可能な社会を築くために自分たちにできること」という学習課題で環境問題についての学習をするとします。社会科の「ゴミのゆくえ」の単元で学習した知識や ICT を活用した調べ学習を通して，課題追究の資料を集めます。算数科の学習で学んだグラフの書き方を使って，資料の効果的な示し方を工夫します。国語科で学習した，アンケートやインタビューの手法を用いて，他者の意見も取り入れます。これらを総合して，新聞形式でまとめたり，ポスター発表をしたりして，学習のまとめを発信します。

こうした学習を行うために，教務主任は時間割や特別教室の割り振りなどを行います。また，授業は教科書の順番通りに行わなければならない決まりはありませんので，そのことを先生方にも伝え，子ども達の実態と教育目標に応じた授業計画を立てることができるように情報発信をしていきます。

全教師と地域人材の力を結集し，PDCA サイクルを確立する

「PDCA」の，Pは計画（Plan），Dは実施（Do），Cは評価（Check），Aは改善（Action）を指します。このサイクルを確立するためには，子ども達にどのような資質を身に付けさせたいかを明確にした学校の全体構想をまとめ，それにもとづいて教育課程の内容を詰めていかなければなりません。そこで，管理職の意を汲みながら，現場で児童生徒と接する教師も加えて学校全体で検討を進めたり，地域の人材を活用した計画を加えたりして計画し，実際の指導でさらに効果を上げることができる教育課程の編成を行います。

"働き方改革" 何から進める?

・「働き方改革」は何から始めれ
ばよいでしょうか。
・「働き方改革」を進めるために,
どんな取組を行うとよいでしょ
うか。

・まずは「勤務時間を減らす」た
めのルールづくりから始めます。
・授業改革や研修の工夫により,
勤務に対する意識改革をします。

まずは「形」から入る

　超過勤務時間は月に45時間以内と定められ,働き方改革が喫緊の課題となっています。本校では,まずは勤務時間を減らすための「形」づくりから始めています。

> ①毎週水曜日と8の付く日を「早く仕事を切り上げて帰る日」と決め,
>   遅くとも18:00までに仕事を切り上げる。
> ②毎週月曜日は特別日課とし,朝の活動と掃除をなくして,児童の下校
>   時刻を早め,勤務時間内に諸会議が終わるようにする。
> ③月に3日以上,自ら早く帰る日を設定し,職員室の行事予定黒板にネ
>   ームプレートを貼る。

「タイムマネジメント」を徹底する

　今まで教師には,「児童のためになることならば,時間を惜しんで仕事をすることは良いことだ」というビリーフがあったように思います。それが,

長時間勤務につながっていたのだと思います。こうした教師の意識を変えるために，タイムマネジメントを徹底します。校務支援ソフトなどを活用して，出退勤の時刻を管理します。週に一度は定時退校の日を設定して，限られた時間の中で仕事をしていくルーティーンを築いていきます。「遅くまで残って仕事をするより，計画的に効率よく仕事を進めて，できるだけ定時に帰ることができる教師がすばらしい」という学校風土に変えていきます。

「授業改革」で「働き方改革」

　若手教師の悩みの中に，「教材の準備やノートの見届けに時間がかかってしまう」というものがあります。私は，若手教師に「授業は45分でなく35分でやり切るように計画するとよい」と助言をしています。授業の内容を35分でやりきって，残りの時間を授業の振り返りの時間として，分かったことをまとめ直したり，練習問題に取り組んだりする時間にするのです。この時間を使って，ノートの評価もします。一般的に教師は，「ノートの評価は，授業が終わった後に朱書きするものだ」と思っていますが，授業中にその場で評価すれば，直接児童生徒に良さやがんばりを伝えることができます。図画工作科の作品の評価や掲示もこの時間を使ってやってしまいます。そうすれば，放課後に残って掲示をするということがなくなります。

現職研修にOJTを取り入れる

　教師が負担に感じているものの1つに研修があります。研修そのものが負担というよりは，研修に参加するための事前提出資料の作成や，研修後の報告書が大変だという意見が多くあります。そこで，校内研修については，会議室に集まって，会議形式で行う研修を極力減らすようにしています。集まって行う研修も，ワークショップ形式を取り入れて，主体的に参加できるようにしたり，日々の業務をベテランと若手教師のペアで行うことを通して，教育実践を通して学ぶOJTを取り入れたりして工夫しています。また，若手教師が講師を務める研修会を企画し，それが若手教師の研修となっています。

"コミュニティ・スクール" どう進める？

・コミュニティ・スクールを導入することにより，学校はどう変わりますか。
・コミュニティ・スクールの導入に際し，留意することは何でしょうか。

・保護者や地域の方が，学校運営に参画し，一体となって学校教育を進めるようになります。
・学校と地域がギブアンドテイクの関係を築くことです。

コミュニティ・スクールの導入で，学校はどう変わるのか

　コミュニティ・スクールとは，学校と保護者や地域の方々が共に知恵を出しあい，学校運営に意見を反映させることで，一緒に協働しながら子どもたちの豊かな成長を支え「地域とともにある学校づくり」を進める法律にもとづいた仕組みです。コミュニティ・スクールの導入により，次の点において従来の教育活動をさらに充実させることができます。

①学力向上や情操教育，体力づくりなどの教育活動を地域と一体になって進めることができる。
②登下校の見守りや，地域防災の推進など，児童生徒の安全について共に見守り，支援することができる。
③運動会や文化祭などの行事を，地域と共に行い，準備や運営，後片付けを一緒に行うことができる。
④地域の方が学校ボランティアとして校内の清掃美化等で学校を支援し，教師の仕事のスリム化を支援する。

「学校運営協議会」と「学校評議員会」は何が違うのか

　学校運営協議会は学校評議員と違い，単に意見を言うだけではなく，学校運営に参画し，校長が作成した学校方針を承認したり，意見を述べたりして，共に学校をつくっていくという役割を担っています。権限も学校評議員に比べて強いので，校長や，教育委員会に対して拘束力があります。その一方で，学校運営協議会にも一定の責任がありますので，

	学校運営協議会	学校評議員
法的根拠	地方教育行政の組織及び運営に関する法律第47条の5	学校教育法施行規則　49条
導入時期	2004年(平成16年)9月	2000年(平成12年)4月
目的	地域と学校が共に学校運営について考え、協同的な教育を創る	よりよい学校、開かれた学校作りにする
人物像	地域の教育有識者による合議制の機関	地域内外の教育有識者個人
構成員	保護者、学校に対しての協力的な地域住民、教育委員会が必要と認める者	校長が必要と求める人物 基本的に地域外の人物でも認められる
役割	・校長が作成する学校運営の基本的な方針について承認と要望 ・当該学校の職員の採用その他の人事について意見 ・拘束力がある	・校長の求めに応じ、個人として意見を述べる ・拘束力はない
責任	学校運営協議会にも一定の責任がある	評議員に責任はない
権限	強い	弱い
任命設置	学校運営協議会の設置者（ほとんどは教育委員会）が任命	校長が推薦し、学校の設置者が委嘱

共に学校をつくっていくというスタンスで会が進行します。

地域と学校の関係は「ギブアンドテイク」で

　本校でコミュニティ・スクールを導入するに当たり，配慮したことがあります。学校に協力的な土地柄だったので，「学校に協力したい」というスタンスでしたが，「学校から地域のために協力できることはありませんか？」と投げかけるようにしました。きっと地域の方も児童生徒と共に活動したいことがあると考えたからです。地域防災訓練への児童生徒の派遣や，独居老人宅への児童の訪問などが始まりました。その一方で，地域の方が，学校ボランティア等で一層の協力を得られるようになりました。大切なことは，地域と「ギブアンドテイク」でかかわっていくことだと思います。

学校変革にかかわること4

"統合型校務支援システム"が
導入されたら？

・統合型校務支援システムを導入することにより，どんなことができますか。
・統合型校務支援システムの導入に当たり，留意することはありますか。

・デジタルデータをまとめ，情報の管理と共有を図ります。
・校務のスリム化のために活用し，働き方改革につながるようにします。

統合型校務支援システムでできること

　統合型校務支援システムを導入する学校が増えています。また，自治体単位で同じ校務支援システムを導入することにより，学校間でファイルを共有することもできるようになっています。統合型校務支援システムを活用することにより，情報の管理と共有が容易にできるようになります。一般的な校務支援システムを活用してできることには，次のようなものがあります。

①名簿や出席簿，指導要録などの学籍にかかわるデータを管理する。
②教育経営簿を作成し，時数管理をする。
③成績データを管理し，通知表を作成する。
④児童生徒の発育測定や健康診断などの保健データや新体力テストの記録などの体育にかかわるデータの管理をする。
⑤メールの送受信や伝言板，回覧板による情報共有をする。
⑥出退勤の管理や行事予定などのスケジュール管理をする。
⑦校務文書にかかわる文書等のファイル管理をする。

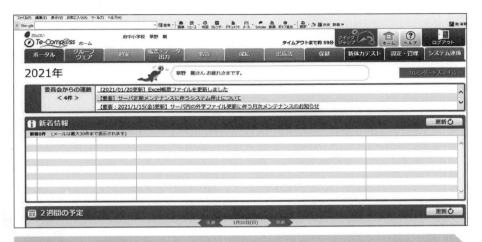

学籍を管理する

　統合型校務支援システムを活用することにより，情報の管理ができます。とりわけ，名簿や出席簿，通知表や指導要録などの学籍を管理するのに役立ちます。発育測定や新体力テストの記録なども管理しておけば，担当者がいなくても必要なデータを取り出すことができます。また，児童生徒の個人情報を一括管理することができます。個別の支援計画など特別な支援を要する児童のデータや成績の情報を蓄積し，指導の履歴を残したり，経年変化を確認したりすることができます。保管期間を過ぎた文書等は一括消去することもできます。

校務支援システムを活用して，職員会議をペーパーレス化する

　本校は，紙ベースの資料を用いて職員会議を行っていますが，校務支援システムに職員会議の提案文書をファイルしておき，ペーパーレスで会議を行うことも検討しています。印刷したものが必要な人は各自で印刷することで，紙資源の節約にもなります。校務支援システムを導入するねらいの一つは，校務のスリム化です。新しいシステムを導入することにより，新たな研修などが増えて，従来の仕事以上に負担がかかることは避けなければいけません。

"GIGA スクール構想" にどう対応する？

・「GIGA スクール構想」とは何ですか。
・GIGA スクール構想を推進するために，どんなことをすればよいのでしょうか。

・一人一台端末と高速大容量の通信ネットワークを整備して，個の学びを充実させるための取組です。
・児童も教師も楽しみながら学ぶ環境整備が大切です。

「GIGA スクール構想」とは何か

　GIGA スクール構想とは，一言で言うと「児童生徒向けの一人一台端末と，高速大容量の通信ネットワークを一体的に整備し，多様な子どもたちを誰一人取り残すことのなく，公正に個別最適化された創造性を育む教育を，全国の学校現場で持続的に実現させる構想」です。「GIGA」とは「Global and Innovation Gateway for All」の略称です。

　現在，教育委員会の指示により，全国の学校では，タブレットなどの一人一台端末配置とその保管庫の設置，通信ネットワークの整備工事が進んでいます。こうしたハード面での整備は比較的順調に進んでいますが，それ以外にもソフト面の準備の充実を図ることが求められています。すなわち，デジタル教科書や教材などのデジタルコンテンツや，個人の学力に合わせて提示される AI ドリルなどを整備して，デジタルならではの学びを充実させるための準備が必要です。さらに，「GIGA スクール構想」を進めるには，「指導体制」を確立しなければいけません。授業をする側の教師のスキルアップが求められます。そのために，ICT 活用教育アドバイザーによる説明会やワークショップの開催，民間企業の外部人材による ICT 支援員などの配置に

より，教師が日常的に ICT を活用できるための体制を整えていく必要があります。

「GIGA スクール構想」で可能になること

　私は先生方に，「『タブレットは教材である』，『授業で教科の学習内容の理解のために使うものである』という発想はやめましょう」と声をかけています。せっかく導入されるタブレット端末ですので，児童生徒が普段から使用している鉛筆やノート，三角定規などの文房具と同じという感覚で使用していきたいのです。

　ですから，タブレット端末に慣れるための活動をたくさんしたいと思います。一番手っ取り早いのは写真や動画の撮影です。「今日の給食を撮影して，おうちの人に紹介してみよう」という活動に取り組み，宿題にします。こうした活動を通して，児童は，自分の考えを説明する資料として写真や動画が有効であることに気付いていきますし，活用したいという気持ちも高まります。また，「家族に見せられない写真や動画を撮影してはいけない」ということを自覚することになり，情報モラル教育を進めることもできます。

一枚岩で「ICT 教育」「プログラミング教育」に取り組むために

　「プログラミング教育」など新しい教育活動が導入されると，すべての教師が積極的に取り組めるわけではありません。中には，「私は，教員養成課程でそうした学習を学んできておりませんので，指導できません」と指導を拒否しようとする教師もいたりします。そうしたときは，担任任せにするのではなく，堪能な教師と TT で授業ができる体制を整えたり，示範授業を行ったりして，具体的な授業のイメージを持てるようにしていくことが必要になります。指導案や教材を共有できるようにします。「ICT を活用した授業を行うと，こんな良いことがある」といった具体的な実践を示すことも有効です。まずは，「新しい教育内容を指導できるか不安である」という教師の思いに共感し，共に取り組む雰囲気づくりから始めるとよいと思います。

"with コロナ" の新しい生活様式を定着させるには？

・「with コロナ」の新しい生活様式を定着させるために，重要なことは何でしょうか。

・命を守ることを最優先にして，学校生活を送ります。
・「自分の命は自分で守る」という意識を高めます。
・新型コロナウイルスによる差別をなくす教育を行います。

児童生徒，そして教職員の「命を守ること」を最優先する

　2020年3月，新型コロナウイルスの広がりにより，学校は一斉休校となりました。学校再開後も感染予防に努めながら，児童生徒も教職員も学校生活を送っています。コロナ禍の中での学校生活は，「児童生徒，そして教職員の命を守ること」を最優先として，活動を行うことになります。とりわけ，以下の点に留意して，指導に当たります。

①家庭で毎朝健康観察を行い，健康状態をチェックカードに記入して登校する。健康状態が良くない場合は無理をして登校しない。
②学校では，給食を食べるとき以外は，マスクを正しく着用する。
③石けんを使って，こまめに手を洗う。登校後と給食の前には，アルコールで手指と机，配膳台の消毒をする。
④授業中も休み時間も，密集，密接，密閉を避ける。
⑤児童生徒の帰宅後は，校内の消毒を行う。

　授業については，国や各自治体のガイドラインに従って行います。

「自分の命は自分で守る」という意識を持たせる

　教師による新型コロナウイルス感染予防の働きかけは不可欠ですが，それ以上に，児童生徒に「自分の命は自分で守る」という意識を持たせることが重要です。教師の指示を聞かなくても，授業で教材を共用した後や休み時間が終わったら石けんで手を洗う，マスクは鼻まで覆う，給食中は話をしないで食べるといったことを自分から進んでできるようにしていきます。

　学校生活を送る上で，三密をすべて避けるということは非常に難しいことです。だからこそ，三密を避ける努力をしている児童生徒を価値付けます。

新型コロナウイルスから，「体」だけでなく「心」も守る

　新型コロナウイルスの蔓延により，感染症だけでなくコロナによる差別も広がりつつあるという報道も聞かれます。文部科学大臣からも，新型コロナウイルスによる差別をなくすための教育を進めるように要請がなされました。

　本校では，日本赤十字社が作成した動画資料「新型コロナウイルスの３つの顔を知ろう！」を活用して，新型コロナウイルスによる差別をなくすための学習を行っています。こうした学習は一度やればよいというものではないため，繰り返し指導しています。

「新型コロナウイルスの三つの顔を知ろう」学習指導案

過程	学習活動	留意点
導入	1．「新型コロナウイルス」について知っていることを発表する。 ・熱が出たり，咳が出たり，体がだるくなったりする。 ・味やにおいを感じなくなることもある。 ・薬が広まない。重症化したり，死んでしまうこともある。 ・飛沫と接触で感染する。 ・手洗いやマスクで予防することができる。	・事前学習で確認した，感染経路と予防法を確認する。 ・新型コロナウイルスの「第一の顔」である「感染」について知っていることを発表しながら，別の側面もあることに触れ，課題を設定する。

新型コロナウイルスの３つの顔を知り，コロナに負けない生活をしよう

過程	学習活動				留意点
展開	2「新型コロナウイルスの３つの顔」のVTRを視聴し，「感染」「不安」，「差別・偏見」の３つの顔があることを知る。				・日本赤十字社制作のVTRを視聴する。 ・「感染」，「不安」，「差別・偏見」のそれぞれについて，VTRを一時停止しながら，その症状等を確認する。
		第一の顔 ＜感染＞	第二の顔 ＜不安＞	第三の顔 ＜差別・偏見＞	・「不安」については，具体的にどんな不安を抱えているかを発表させ，不安や感染の有無にかかわらず，だれにでも感じてしまう感情であることを理解させる。
	症状等	・発熱や咳，倦怠感など風邪に似た症状が出る。 ・嗅覚や味覚を感じなくなる場合もある。	・自分や家族が感染していないか，感染したらどうしようかと心配になる。	・不安な気持ちから，感染者やその可能性のある人を遠ざけようとする。 ・差別されたくなく，感染を隠す。	・周囲での「感染」を感じ，「不安」から逃れようとするあまり，「差別・偏見」が生まれ，自分が差別されないようにするために，感染を隠そうとさせ心が生まれ広がる負のスパイラルを理解させる。
		からだが 傷つく	こころが 傷つく	信頼や友情が 傷つく	
	3「新型コロナウイルス」から身を守るための方法を考える。				・感染予防はできるが，完全に感染を予防することは困難であることを理解させる。だれでも，知らないうちに感染してしまうこともあることを理解させる。
		第一の顔 ＜感染＞	第二の顔 ＜不安＞	第三の顔 ＜差別・偏見＞	・感染しても，医療従事者等が全力で助けてくれることを理解させる。
	予防法等	飛沫感染 ・マスクをする。 ・三密を避ける。 接触感染 ・石けんで手洗い。 ・三密を避ける。	・自分の気持ちの変化に気付く。 ・信頼できる人に相談する。	・正しい情報を得る。 ・差別や偏見はいけないと言える勇気をもつ。	・不安な感情は誰もが持ってしまうことを理解させる。
		完全な予防は困難。 感染しても助けてくれる人がいる。	だれにでも起こる。 自分で対処できる。 人に相談する。	自分で対処できる。 仲間と支え合う。	・感染は自分だけの力で克服することは困難であるが，不安や差別・偏見は，正しい情報と強い心をもち，信頼できる仲間がいれば，自分たちで克服できることを理解させる。
終末	4「新型コロナウイルス」に関わって，今一番辛い思いをしている人について考える。 ・感染した人やその家族 　早くよくなるといいね。元気になったらまた遊ぼうね。 　家族が早くよくなるといいね。 　自分の感染も心配だろうから，体調には気を付けてね。 ・医療従事者等 　私たちをコロナから守るために働いてくれてありがとう。 　お体を大切にしてくださいね。				・感染している人を励ましたり，気遣ったりできるようにさせる。 ・感染予防の最前線で働いている人たちに感謝と労いの気持ちをもてるようにする。 ・学びの足跡を文章で残す。 ・学級通信等で，差別や偏見をなくすための授業を行っていることを伝える。
	5本時で，分かったことや考えたことをまとめる。				

参考　日本赤十字社（2020）「新型コロナウイルスの３つの顔を知ろう」https://www.youtube.com/watch?v=33Ndf-4tL60&t=16s

あとがき

　私の29年間の教師経験の中で，教務主任を務めたのはわずか３年しかありません。むしろ生徒指導主事の経験が10年以上あるため，最初この執筆の話をいただいたときには，「本当に私が書いてよいのか」，「私に書けるのか」と不安になりました。そこで，自分の経験に加え，先輩教務主任の姿や教頭や校長に指南していただいたことを加えれば，教務主任の仕事についてまとめられるのではないかと考えるようになりました。

　実際にまとめ始めると，自分がいかに周りの方々に助けられてきたのかが分かりました。教務主任として携わってきた仕事は，周りの教師や児童生徒，保護者，そして地域の方々や専門家の方々の協力なしでは為し得なかったことを痛感したのです。

　教務主任を務めながら，学級担任を兼任するという経験もしました。切迫早産と家庭の事情により２名の教師が職場を離れることになったのです。どちらも急な事だったので，代替教員はすぐには見つかりません。１ヶ月以上２つのクラスを担任しながら教務主任を務めました。そのとき私を助けてくれたのが同僚でした。自ら空き時間を申告し，授業の補充に入ってくれました。少人数指導を解消して，少しでも多くの人員を配置できるように，勤務形態を変更してくれました。結局担任と教務主任の兼務は年度末まで続くことになりましたが，同僚の協力のおかげで辛くはありませんでした。

　こうした経験のおかげで，肝に銘じていることがあります。
　それは，「感謝の気持ちを忘れない」ということです。
　そして，「感謝の気持ちは，伝えないと意味がない」ということです。
　教師として，今がんばれているのは，支えてくださった多くの方のおかげ

です。

　その中でも，特に感謝の気持ちを伝えたい方がいます。

　１人目は，すでにお亡くなりになりましたが，兵庫教育大学大学院で学んだときの恩師，上地安昭先生です。心理学の知識が全くない私に，臨床心理学やカウンセリングの知見を教授していただきました。先生の教えと温かいお人柄によって，「私も上地先生のような教師でありたい」という気持ちが高まり，私の目指す教師像がより明確になりました。

　２人目は，その兵庫教育大学で共に学び，その後教職に戻ってからも，いつも相談に乗ってくださっている親友，瀬田川聡氏です。今回の執筆に当たっても，ご協力をいただきました。岐阜と横浜と勤務している場所は離れていますが，一緒に勤務しているような感じがします。

　３人目は，本書の刊行に当たって多大なるご支援をいただいた，明治図書出版株式会社の大江文武様です。大江様の支援がなければ，原稿を仕上げることができませんでした。ありがとうございました。

　そして，私の教育実践を支えてくれた同僚や先輩の先生方，児童生徒や保護者の皆さん，学校に協力していただいた地域の方々に感謝します。

　また，私の一番の理解者であり，毎日の生活に安らぎと安心，やる気を与えてくれている，妻と３人の子どもたちに感謝します。家族がいたから，毎日の仕事ががんばれます。

　本書に記した実践は，拙いものばかりで，十分なものではないかもしれません。それでも，日々学校の大黒柱としてがんばっておられる全国の教務主任の先生方の一助になれば幸いに思います。

2021年４月

草野　剛

【著者紹介】
草野　剛（くさの　つよし）
1968年，岐阜県生まれ。岐阜県で小中学校の教諭を務める。2002年より，兵庫教育大学大学院で，生徒指導，臨床心理学，カウンセリングを学ぶ。学校心理士スーパーバイザー。現在は「中1ギャップ」の解消やコミュニティ・スクールに関心をもち，小学校に勤務している。『教師のための学校危機対応実践マニュアル』（金子書房），『小学校子どもがかがやくポジティブ言葉かけ辞典』（教育開発研究所）共に分担執筆。2018年より2021年まで，雑誌『月刊生徒指導』（学事出版）に，「3ステップでポイント整理！小学校の生徒指導Q&A」，「『生徒指導の基本方針』と『5つのワーク』で小学校の生徒指導　ポイント整理！」を連載。

いちばんわかりやすい　教務主任の全仕事

2021年5月初版第1刷刊　©著　者　草　　野　　　剛
2024年1月初版第5刷刊　発行者　藤　原　光　政
　　　　　　　　　　　　発行所　明治図書出版株式会社
　　　　　　　　　　　　　　　　http://www.meijitosho.co.jp
　　　　　　　　　　　（企画）大江文武（校正）奥野仁美
　　　　　　　　　　　〒114-0023　東京都北区滝野川7-46-1
　　　　　　　　　　　振替00160-5-151318　電話03（5907）6702
　　　　　　　　　　　　　　　ご注文窓口　電話03（5907）6668
＊検印省略　　　　　　　組版所　日本ハイコム株式会社

本書の無断コピーは，著作権・出版権にふれます。ご注意ください。

Printed in Japan　　　　　　　ISBN978-4-18-294017-0
もれなくクーポンがもらえる！読者アンケートはこちらから